2021年上海市教育科学研究一般项目（C2021303)《文化认同视阈下民俗
育课程思政创新路径研究～以舞龙舞狮为例》研究成果

2021年上海市高校本科重点课程建设项目《舞龙》（S202123001）研究成果

# 民俗体育课程创新路径研究

徐 泽 著

吉林文史出版社

图书在版编目（ＣＩＰ）数据

民俗体育课程创新路径研究 / 徐泽著. -- 长春：
吉林文史出版社, 2023.10

ISBN 978-7-5472-9893-0

Ⅰ.①民… Ⅱ.①徐… Ⅲ.①民族形式体育—教学研
究—中国 Ⅳ.①G852.9

中国国家版本馆CIP数据核字（2023）第200047号

民俗体育课程创新路径研究
MINSU TIYU KECHEGN CHUANGXIN LUJING YANJIU
著　　者：徐　泽
责任编辑：高丹丹
封面设计：万典文化
出版发行：吉林文史出版社有限责任公司
地　　址：长春市福祉大路出版集团 A 座
邮　　编：130117
网　　址：WWW.jlws.com.cn
印　　厂：北京四海锦诚印刷技术有限公司
开　　本：185mm×260mm 1/16
印　　张：12
字　　数：273千字
版　　次：2023年10月第1版 2024年4月第1次印刷
书　　号：ISBN 978-7-5472-9893-0
定　　价：78.00 元

# 前 言

在我国大力弘扬传统文化的大背景下，将民俗体育纳入体育教学至关重要，既有利于进一步丰富和完善体育教学内容，同时也能够在强化学生文化自信方面发挥一定作用，因而应当积极探索将民俗体育融入体育的有效措施。民俗体育是重要的民间文化资源，蕴含着丰富的运动形式、育人内容和文化内涵。除此之外，政策的鼓励支持、组织的契合一致、资源的互补互益等为民俗体育传承与体育课程建设的协同提供了条件，通过科研的协同创新，实现民俗体育考证及其教学内涵梳理的双重突破；通过基地的协同建设，实现民俗体育在学校体育课程建设中的有效传承；通过传承人的协同互动，实现民俗体育传承人与课程师资的交叉发展等，是民俗体育传承与体育课程建设协同发展的可行性选择。

本书首先对民俗体育基本内容进行了阐述，讲述了民俗体育的特征、功能与价值；其次探讨了民俗体育文化与传统文化融合的功能与发展；再次，介绍了民俗体育项目，特别分析了舞龙运动教学与训练以及舞狮运动基本技术与动作创编；最后，本书还在民俗课程创新方面讨论了民俗体育课程与国学教育、民俗体育的资源开发、民俗体育文化在学校中的发展创新、民俗体育文化的传承创新、民俗体育文化的新时代成长创新以及文化软实力语境下的民俗民间体育实践创新等内容，旨在为促进民俗体育更好地融入学校课程体系提供一定的参考与借鉴。

本书在编写过程中，参阅、援引和选用了部分专家学者的书籍、论著、论文及有关资料，在此对于每一位作者表示衷心的感谢。由于水平有限，书中难免有粗疏和不足之处，希望读者多多批评、指正。

徐泽 著

上海工程技术大学

# 目　录

# 第一章 民俗体育概述

## 第一节 民俗与民俗体育

### 一、民俗

"民俗"一词或许被认为是不言自明的概念，因为每个人从一出生就处在一定的民俗中，个人成长也受当地民风、民俗的影响，不断感受到"民俗"的风尚、礼仪。可以说，民俗给予每个人的是人文关怀，民俗活动自原始社会开始就成为人类日常生活的一部分。"民俗"二字意味着传统、古老的习俗，遗留下来的节日，以及无法追溯历史的歌谣、神话、传说、故事和谚语。"民俗"的定义，是地域社会的住民从其生活或生产活动中产生并传承下来的生活文化以及维持这种生活文化的思维方式。民俗，即民间风俗，是指一个国家或民族中广大民众所创造、享用和传承的生活文化。基于此，笔者归纳了"民俗"的核心属性，即原初性、传统性、普遍性、非理性、乡土性、集体性、口头流动性等。

生活就是民俗。民俗是传统文化中最贴近身心和生活的一种文化，是源于人类社会群体生活的需要、为人们的日常生活服务的民间生活文化。我国在长期历史发展中形成了不同的民族，每个民族在生产实践和社会生活中都逐渐形成了本民族世代相传的较为稳定的文化事象，这些文化事象可以简单地概括为民间流行的风尚、习俗。这些风尚、习俗来自人民又为人民所传承，规范着人民的举止，又深藏在人民的行为、语言和心理的基本力量中。人们置身其中，将之世代相传，而且甘愿接受这种模式化规范的保护。

我国地域辽阔，民族甚多，自古就有"十里不同风，百里不同俗"之说，可见我国"民俗"内容之宽泛、民间俗事（又称"事象"）之繁多。民俗现象虽然种类繁多、千差万别，但有其共有的规律：在时间上，民俗由人们一代代地传承下来；在空间上，它从一个地域向另一个地域扩散。民俗在传承、扩散的过程中常常因时过境迁而不断改变，以适应新的地貌环境、生活作息、资源要素等条件。民俗学家把这种现象称为"民俗的变异"。例如在我国，过年时的"压岁钱"风俗在各地盛行，在时间上、空间上都存在一致性，而过年时的"吃"又有所不同：北方过年盛行吃饺子，南方过年盛行吃年糕。

## 二、民俗体育

"民俗体育"这个专业名词在我国体育史志上很少被使用。关于民俗体育，至今依然没有相对统一、明确的概念。民俗体育被界定为在民间风俗、民间文化以及民间生活方式中流传的体育形式，是顺应和满足人民多种需要而产生和发展起来的一种特殊的文化形态。另外，我国一些专家、学者依据个人的视界、理解、经验，再结合权威而传统的言论、观点，对此进行了深入地探讨与争论。我国民俗体育是由一定民众所创造，为一定民众所传承和享用，并融入和依附于民众日常生活的风俗习惯中的一种集体性、模式化、传统性、生活化的体育活动，它既是一种体育文化，也是一种生活文化。民俗体育是一个国家或民族的广大民众在其日常生活和文化空间所创造的并为其所传承的一种集体的、模式化的传统体育活动。民俗体育是指那些与民间风俗习惯关系密切的、世代传承和延续的体育文化形态，具有集体性、传承性和模式性的特点。诸多学者给出的不同的定义丰富和深化了民俗体育的内涵，有助于人们认识民俗体育的本质。

# 第二节　民俗体育特征

对民俗体育特征的研究是民俗体育研究的重要课题之一。本书将民俗体育项目中带有普遍性的特征进行概括并抽象出来加以论述，目的在于从总体上认识和把握民俗体育的共性特征，并不否定对民俗体育其他个性特征的归纳和研究。只有了解了民俗体育的特征，我们才能科学而准确地把握民俗体育的产生、发展及演变规律；只有了解了民俗体育的特征，我们才能更好地区别民俗体育中哪些是应该避免和化解的消极因素，哪些是应该提倡和推广的积极因素，使民俗体育发扬光大，成为全世界人民共享财富的目标。

## 一、共通性

原始人在自身发展和与自然斗争的过程中，为了生存，学会了跑、跳、投、射、攀爬等运动技能；在捕猎、捕鱼活动中，发展了速度、耐力、力量、灵敏性等各种身体素质。他们在很长一段时间里并没有对体育文化形成清晰的、理性的认识，基本是在不知不觉中进行体育活动的，然而，基于相似的因素创造出来的体育项目，其形态、性质和目的是相同的。

体育源于生活且与生活紧密联系。原始人类在获得猎物或农耕丰收之后，常聚集在一起以游戏欢舞的方式庆贺。由此我们可以推断，民间体育是从跑、跳、投、射等动作形态中演化出来的。有时，不同的民族或部落为争夺地盘、猎物而产生冲突，出现了棍棒击打、摔打、投掷飞镖等打斗形式，这些形式后来被运用于身体训练，以提高本部落人群的打斗实力。另外，原始人经常受到季节和环境变化的困扰，因此人类为获得自然的恩赐，把从生产劳动、军事、游戏、捕猎中演变出来的运动技能、技巧在劳动、生活中以言传身教的方式传授给了后代。这些运动技能既可伴随人类的进步而获得精细发展，又可让人类逐步摆脱动物野性而向文明社会人进化。这些运动技能逐渐成为具有文化内涵的民俗体育项目，如傩舞、赛龙舟、抢花炮、赛马、蹴鞠、棋类、摔跤等。这些民俗体育项目的起源、发展的共通性特征，使其在各民族中得以快速交流与传播，民俗体育文化由此形成。

## 二、地域性

地域性是民俗体育在空间上所显示出来的特征。我国地域辽阔，南北跨度大，气候差异显著，自然环境、人文环境等差异明显，因此不同地域的人的生活内容、生活习性、思维方式、运动方式等均有较大差别。人们通常以地理上的秦岭—淮河一线把我国地域划分为北方与南方。北方地区纬度较高、气温较低，寒冷季节较长，积雪、冰层较厚，滑雪、滑冰、打冰嘎等冰雪项目比较普及。另外，北方地势平缓，草原开阔，空间相对宽广，一些居民以放牧为主，人们普遍具有豪爽奔放的性格，崇尚勇武精神，摔跤、奔跑、赛马等力量、速度型项目比较受欢迎。南方地区气候湿热，地形以丘陵、山地为主，人们性格相对细腻、内敛，并且善于思考，擅长技巧性强的心智类活动项目，如象棋、围棋、秋千、风筝、打陀螺、游水捉鸭、跳竹竿等。再者，即使同一民俗体育项目，在南北方地区也明显显示出不同的地域性特征。比如舞龙，北方的舞龙以武为主，强调龙的威武豪迈、气壮山河；南方的舞龙以文为主，突出龙的灵活敏捷、变化自如。各民族在特定的地域条件下形成了自己的民俗体育项目及民俗体育文化，"十里不同风，百里不同俗"恰是这种地域差异的体现。带有浓厚地域色彩的民俗体育盛行于民间，丰富了民间数千年的体育文化生活，表现出中原民俗体育文化、草原民俗体育文化与南方水域民俗体育文化的独特的运动内容，体现了各地民族和人民的智慧与勇敢、民族的英武与蛮健，更寄托了人们对民族完美人性的追求。

## 三、民族独特性

民俗体育的民族独特性可以理解为不同民族有世代相传的富有自己民族特征的民俗体育事象，或同一民俗体育事象在不同民族中具有不同的表现形式。影响民俗体育独特性特征的因素主要有人们所处的社会环境和自然环境，以及人们的文化心理、生活习俗、信仰等。例如人们在农耕劳作的间隙，会在田间地头或场园进行诸如掷子、拔腰、爬木城、打木球等具有竞争性、趣味性的民俗体育项目。摆手舞是土家族流行的古老舞蹈，形式古朴优美，生活气息浓厚。朝鲜族人能歌善舞，姑娘们爱荡秋千，小伙子们喜欢摔跤角力。此外，彝族的传统火把节、纳西族的东巴跳、藏族的赛牦牛等，都是体现各民族独特文化的民俗体育事象。同一类民俗体育项目在不同的民族中也各有特点，如已经成为中华人民共和国农民运动会正式比赛项目的蒙古族式摔跤"博克"、维吾尔族式摔跤"且西里"、彝族式摔跤"格"、藏族式摔跤"北嘎"、回族式摔跤活动，虽然都属于摔跤这一民俗体育事象，但是又分别反映了不同民族的特性，具有鲜明的民族差异性。民俗体育的民族独特性既显示出民俗体育项目的繁多与五彩斑斓，又使民俗体育项目保持着强烈的传承性。这些民俗体育项目即使脱离了特定的地域空间，也会继续保持本民族的独特性。

## 四、依附性

民俗体育依附于民俗事象而存在，即依附于民众日常生活中的风俗习惯。例如，板梁古村的倒灯自产生之时便与正月十五元宵节联系在一起，它依附于元宵节而存在，又因能沟通人与人之间的感情、强化集体意识、增添节日气氛、祈福来年平安吉祥而得以保留和传承，是板梁人过元宵节不可缺少的民俗活动。依附于生产劳动、岁时节令的民俗体育表达了人们本源的、真诚的悲欢与共、齐心合力、共同发展的情感与心声。春节是各民族举行多种形式的民俗体育事象最隆重的节日，多以中国传统的"舞龙舞狮"为代表性节目，龙狮华彩斑斓、翻跃蹦跳，再配以铿锵有力的阵阵鼓声，场面甚是恢宏。人们盛装登场，尽情欢呼，显示出一片祥和之气。

依附于生产劳动的民俗体育活动是民俗体育萌生、发展的坚实原动力，既能表达人们简朴的夙愿，又能表达人们本质的欢乐，如民间自发性的、流传广泛的秧歌和采茶舞曲。这些民俗体育活动源于人们的生产、生活，是人们身心愉悦的自然表现。依附于礼俗、信仰、崇拜等各种民俗事象的民俗体育活动，其内容、形式多种多样，有婚俗礼仪类、信仰崇拜类等等。

## 五、娱乐性

娱乐性体现出民俗体育的发展性特征，也显示出其本原特性，人们通过欢快、多样的身体娱乐活动方式表达对乡土风俗的热爱。在远古的农耕时代，人们在乡土气息浓厚的农耕生活中渴望年年都是风调雨顺的太平岁月，希望年年都拥有丰衣足食的美好生活。因此，举行民间民俗活动还有祈福求吉、寄托人们的信仰和祈愿、缓解生存的焦虑与不安的目的，如安徽淮河流域具有代表性的民俗体育活动凤阳花鼓。凤阳花鼓让更多人通过凤阳花鼓的练习提高身体素质及健康水平丰富体育课堂的教学内容，提高学生参与体育活动的兴趣。拓展"凤阳花鼓"的表现形式和演出渠道，通过对其艺术表演的参与及欣赏，提高人民群众的审美价值及人文素养，展现出新时代国人的精神面貌。利用商业运作、政策支持、文化旅游等手段，使凤阳花鼓走上文化产业化的道路，成为地方经济建设发展的助推剂，实现精神与物质财富的双丰收。民俗体育活动带给人们乐趣、享受，成为人们劳作时精神、情感的寄托，随着社会和人的发展，人们对民俗体育的诉求不断增加，需要层次日益提高，但科学技术又相对落后，这使得民俗活动中的信仰与娱乐结合在一起。如放风筝，它本来是一种禳灾的巫术行为，当某人得了病，巫师就把病状写在风筝上，把风筝放到空中，再剪断拉线，这种疾病就会随风筝的飘飞而远离。这项带有巫术意义的户外活动，逐步演变为今天具有娱乐性的民俗体育活动。

民俗体育源于生活，寄托着人们的生存愿望和对美好生活的向往，逐渐发展成为人们体验快乐情感、强健体魄、沟通情感、提高生命价值、增强群体凝聚力的重要活动内容。民俗体育活动是人的活动，其最终目的应当是人的幸福、健康以及全面发展，这正是科学发展观中"以人为本"的应有之义。

## 六、传承性

传承性使各民族不同的民俗体育活动在历史的长河中得以延续、发展，它的是创生并传承它的那个民族（社群）在自身的长期奋斗和创造中凝聚成的特有的民族精神和民族心理，集中体现为共同信仰和遵循的核心价值观。传承性是指民俗体育经过不同时代的发展仍然保持原来的某些特质的属性，包括两个方面：一是指民俗体育在时间上传衍的连续性，即历时的纵向连续性，它在时间上是可以世代延续的一种社会文化；二是指民俗体育在空间伸展上的蔓延性，它在空间上也是可以传播和扩散的，即民俗体育的横向传播过程。民俗体育的传承性特征使民俗体育世代相传、生生不息，不仅在本民族内部发展壮大，而且与其他民族的民俗体育文化相互影响、融合，衍生出形式更多样、内容更丰富的民俗体育项目。

传承性使民俗体育穿越历史隧道绵延流传至今依然保持自身的活动规律和惯性，使民俗体育能够维系民族或群体的凝聚力和趋同意识，体现了民俗体育固有的生命力、感召力和发展能力。

## 七、变异性

变异性体现的是民俗体育的"发展变化观"，一般可以理解为民俗体育在时空变化中表现出的自身的渐进变化和与其他艺术的融合发展中的变化，在一定程度上改变了民俗体育的本原面貌。民俗体育的变异性特征实际上是民俗体育文化得以保存和发展的内在动力。民俗体育的变异性、传承性都表现民俗体育的动态特征，民俗体育在传承中产生变异，变异之后继续传承。因此，民俗体育能与时俱进地满足人们的需求、丰富人们的精神生活。

引起民俗体育发生变异的因素包括本土人们的风俗、信仰、文化、生活方式等人文环境，以及国家的政治、经济、科技、传播媒介等社会因素。笔者依然以淮河流域的凤阳花鼓为例进行说明，在安徽凤阳，凤阳花鼓是用以展示本土民俗体育原始面貌的经典项目，被视作民间瑰宝。明太祖朱元璋出生于凤阳，对凤阳花鼓情有独钟，他曾采取一系列优惠政策以善待宗社乡民，凤阳花鼓因此进入了发展的鼎盛时期。随着自然灾害与战乱频发、人口迁徙和朝代更迭，凤阳花鼓的发展表现出变异性特征，不仅自身的表演形式、唱词、道具等发生了较大变化，而且逐渐渗透到了其他地区的艺术品种中。

如今适逢国家非物质文化遗产保护政策的发展机遇，创新因素不断赋予民俗体育发展强劲的动力，民俗体育的变异性特征愈加明显。

## 八、健身性

民俗体育的界定是在民间风俗、民间文化以及民间生活方式中流传的体育形式，是顺应和满足人们的多种需要而产生和发展起来的一种特殊的文化形态。这明确了民俗体育是一种"体育形式"，只是与其他体育活动不同的是，它的活动地点在"民间"。我国早期的民俗体育与原生态的乡土农耕生活、人们的敬神信仰关系最密切，是人们在生产劳动、丰收、节庆中产生的生活化的体育活动，表达了人们在生产生活中产生的愉悦情感。秧歌、采茶舞等都是人们对农耕生产劳动的模拟，体现了人们对生活的热爱之情和对主体审美的提炼与体验。集体性的大型民俗体验活动多在节日举行，如我国许多地方庆祝端午节的隆重仪式是举行龙舟大赛。龙舟大赛既是传统项目，也是经典项目，举行龙舟大赛更是人们的意识习惯。龙舟大赛的参赛队伍往往代表了各个宗族、村社、地域的威望与实力，各地挑选十几名青壮年男子组成龙舟队参加龙舟大赛，以最先到达目的地为胜。龙舟大赛期间，方圆几十里的群众都到江河湖畔来看热闹。人们敲锣打鼓、助威呐喊，场面甚是壮观，节日气氛极其浓厚。还有些地区喜欢举行摔跤活动等民俗体育项目。

民俗体育以人的身体为载体开展活动，运动主体的身体建构是其本质。通过各种形式的民俗体育活动，人们能够增强体质、增进健康、培养各种心理品质，还能够得到更多的精神享受与安慰，提高对环境的适应能力。

## 九、观赏性

很多民俗体育项目都是集歌、舞于一体的民间艺术形式，其舞蹈形态直观地带给人们视觉享受，具有观赏性特征。例如，凤阳花鼓存在飘飘步飘鼓条、十字步揉鼓条、正步位甩鼓条等大量翩翩的舞步，这些动作轻盈、飘逸、柔美，是女性美的鲜明表达。采茶舞和花鼓舞等表演的道具、服装、演唱、舞蹈，不仅给观众带来美感，还能表达花鼓爱好者共同的心理趋向与情感认同。原生态的花鼓表演形式是表演者一手拿鼓一手执鼓条击打鼓面，边唱边舞，所以凤阳花鼓又被称为"双条鼓"。又如，集体性的大型舞龙表演是遍布我国各地的民间传统性项目，每逢喜庆节日，人们都会舞龙。舞龙时，龙跟着绣球做各种穿插动作，不断展示扭、挥、仰、跪、跳、摇等多种姿势。虽然由于地域和民族的差异性，我国舞龙的形式和种类繁多，但其均以强身健体、表演娱乐为目的，配以鼓乐，伴以歌，载以舞，表演各种动作，充分展示出浓郁的民族特色和艺术妙想，具有较高的观赏价值。民俗体育项目的大型娱乐性庆祝表演活动将朴实的艺术美融于生活中，使人们在审美意识、审美心理等方面产生共鸣，进而体会自然美与社会美的和谐统一。

声、色、形、象诸要素相结合，构成了民俗体育活动形式美学价值，再通过具体活动中的动态美的展示陶冶人们的情操、提高人们的审美情趣、愉悦人们的身心、美化人们的心灵，达到人、自然、社会的和谐统一，从而提高民俗体育的观赏价值。

## 十、交融性

民俗体育在传统的民俗活动中产生与发展，深深扎根于民间土壤，与人们的日常生活息息相关。民俗体育丰富了人们的健身、娱乐内容，带给人们心灵慰藉，寄托了人们的希望与祈愿，深受民众的喜爱。人类的迁徙、移动使人们的生活方式相互影响、相互模仿,这就必然导致民族间和地区间的文化相互交流、融合与渗透,具有浓厚地域特色的民俗体育项目在不同部落、不同民族之间交融与发展就顺理成章。再者,民族间的通婚事象也是促进民俗体育交融发展的一大因素。通婚后,人们的生活习俗、文化习俗、娱乐习俗、信仰习俗等发生深度交融与渗透,民俗体育项目也被彼此接受。

我国素有"礼仪之邦"的美称。中华各民族在发展过程中相互学习、求同存异,共同创造、丰富了我国民俗事象和民俗体育文化。我国的民俗体育文化呈现出由简单到复杂、由单一到多元的融合发展趋势,表现出旺盛的生命力,如今已成为极具感染力和艺术表现力的特殊文化形式。

# 第三节　民俗体育功能

民俗体育是在人类社会生产、生活实践中产生的一种社会现象,必然有其存在的现实功能。民俗体育功能的作用对象和服务群体是人、人群、人类社会。民俗体育原始的功能是娱乐、信仰、强身健体、传承、社交、人的社会化等。随着社会、经济、文化等的全球化的发展,民俗体育的功能也得到不断衍生与完善,其衍生功能包括政治功能、教育功能、经济功能、文化功能等,且越来越显著。只有多方位地认识民俗体育的功能,我们才能有针对性地发挥、创新、利用其功能,有效地保护、传承民俗体育,使民俗体育更好地为人的全面发展和人类社会的进步服务。

## 一、娱乐功能

人们在无意识的自发状态下抒发内心的快乐,这是民俗体育娱乐功能的原始表现形式。在农耕社会,人们进行田间劳作是生活的常态,在劳作中进行原生态的自娱自乐活动是快乐情感的本原体验,是劳动人民获得快乐的直接方式,也是民俗体育的本原功能。这里的"原生态"是指没有被特殊雕琢的、存在于民间的、原始的、散发着乡土气息的、在自然状态下生存下来的一种形态,是事物的本真状态,不因受到外界的影响而产生变异。人们在欢快的劳动中通过身体获得发自内心的愉悦快乐的情感体验。原生态体育形式是自娱自乐的而不是纯体育性质的、是随机的而不是规范的、是省力的而不是刻意的、是参与的而不是观赏的、是传承的而不是创编的。例如，土家族的巴山舞、纳西族的东巴舞等都是原住居民日常生活中的一种下意识活动，这些古朴粗犷、贴近生产和生活的民俗体育活动表达了原住居民质朴而真实的快乐情感。

社会的变迁与向前发展是不以人的意志为转移的，民俗体育随着时代的更迭也发生了变迁与发展。人们参与民俗体育的活动状态由无意识转向有目的、有意识，如摔跤。摔跤是最原始的民俗体育项目之一，汉族、回族、满族、蒙古族、彝族、藏族、哈萨克族、维吾尔族等很多民族都有这项运动。摔跤是一种角力运动，已成为藏族人民在节日、集会或收获后的庆祝活动中最喜爱的项目之一。摔跤参赛者斗智斗勇，全力拼搏，脸上洋溢着畅快感、满足感，他们的精彩的比拼也给赛场创造了一个充满欢声笑语的世界，欣赏者发出阵阵掌声、呐喊声、欢呼声。这样，所有人都能产生身体层面的平等快感，显示出精神层面的快乐——狂欢。现今，民俗体育活动已成为人们有意识地、有目的地获得快乐、调节身心的手段之一，凸显出民俗体育休闲娱乐的一体化功能。

## 二、健身健心功能

民俗体育依托于身体运动形式来表达人的生存状态与精神信仰，展现出其质朴性的特质。早期人类的生存状态与需求较为简单，在自然界中只以生物体延续生命的"活着"为存在状态，但生活很艰苦。他们具备简单的生活技能，如走、跑、跳跃、投掷、爬越等，这些生存技能又被无意识地传授给下一代；同时，在与自然、野兽的搏斗中，他们又逐渐学会了采摘、捕鱼、狩猎、打斗等技能。这些技能虽然简单，但确实能增强人体的多项素质（如灵敏度、耐力、力量、速度），提高人体机能，增强人的自然属性。劳动创造了人类，人类又在劳动实践中创造了越来越复杂的民间体育活动形式，如秧歌、采茶舞、花鼓灯、放风筝、摔跤、抢花炮、打草球、叼羊、骑射、划船、赛龙舟、珍珠球等名目繁多、具有地域特色的民间运动项目。在这些项目中，有的直接以生产、生活工具作为活动工具，如用板凳表演的板凳龙、用扁担打的打草球等。板凳龙游玩时间长、巡游路程远，能很好地锻炼人们的力量、速度、灵敏度、耐力等多项素质，而且舞龙的技巧性很强，需要人们花很多时间训练，人们要有团队合作意识、意志力、奉献精神等品质才能顺利完成表演。现代舞龙表演的动作在奔跑、跨跳、起伏、左右摇晃的基础上，又增加了很多具有创新性的高难度动作，像劈叉、双人重叠、滚翻等，这些高难度动作对表演者的身体素质要求更高，舞龙表演者需要花费更多时间进行训练，他们的身体素质得到提高是必然的结果。在锣鼓齐鸣、振奋人心的欢庆氛围中，观众看着活力四射的大龙飞舞腾跃、欢快蹦跳，猛然做一些重叠、滚翻等高难度动作，不时发出欢呼喝彩。舞龙表演过程中不断出现高潮迭起、精彩纷呈的场景，人群也跟着欢快的节奏自由蹦跳、手舞足蹈，节日的喜庆气氛格外浓厚。人们通过这种愉悦的方式不仅调节了身心，而且促进了人与人之间和睦团结。集体性的大型表演活动调节身心的作用较为明显，小型的民俗活动同样能体现民俗体育对人们身心的调节功能。民间有许多民俗体育活动通过参与者的身体作用来达到直接而明显的健身效果，能使人的身体素质普遍得到提高。

民俗体育在人类进化、发展过程中，传承了人类的运动技能、劳动技能，提高了人在自然界中的适应能力；民俗体育活动中蕴涵的共同的心理需求、爱好又促进了人类的和谐共处。民俗体育以人的生存、健康与发展为基本依据，以地理、气候、生态等自然环境为条件，以遵守社会规范为追求精神自由的前提，最大限度地张扬着主体的个性，体验着身、心、宇宙的最完美的和谐，从而使人获得掌握自主权利的满足感并最终打造具有内在和谐之美的身体。

## 三、传承功能

我国是一个多民族国家，农耕文明历史悠久，习俗复杂性、人文生态多样性、地域环境差异性、气候多变性等因素影响了人们的心理和生活状态，这使得民间风俗、民间生活方式多种多样，人们的活动方式丰富多彩。人们在生产、生活中创造的活动、娱乐方式更是精彩纷呈。

例如，从自然地理环境的角度来说，生活在高山上的狩猎民族创造了叼羊、骑射、摔跤等粗犷豪放的运动形式；生活在平原上的以农耕为主的民族在劳动之余创造了抢花炮、打草球、舞龙、舞狮等细腻婉约的运动形式；生活在水域的以渔业为生的民族则创造了赛龙舟、珍珠球等运动形式。

民俗体育满足了人们的多种需要并在历史的积淀中产生和发展起来。今天，人们把民间各种各样的运动和游戏统称为"民俗体育"。民俗体育依附于生产劳动、民间礼仪、岁时节令等活动、以物质或文化的状态存在，经过几千年的发展，以口头、习俗、信仰的形式在民间传承。

随着时间的推移和空间的变化，人类自身发生了变化，民俗体育也在内容和形式上发生了变异，并在变异中得以传承、完善和丰富。

龙舟竞渡又称"赛龙舟""划龙船""龙船赛会"等，是我国古老而传统的民间民俗体育项目，是具有浓郁的传统民俗文化色彩的群众性娱乐活动，已成为各地端午节约定俗成的重要活动项目。

再看看我国其他民俗体育项目的传承情况。海洋民俗体育是海岛风俗文化之一，反映了渔民的性格与喜好，广泛的群众性使其得以传承。海岛人民在日常生活中搏击风浪、捕鱼劳作，休渔期则广泛开展海边织网、缆绳抛准、攀缘绳索、船头套缆、捡泥螺、搬重物接力等民间民俗体育项目。

随着人类的进步、科技的发展，民俗体育呈现出动态传承的特性，在传承中发生变异，在变异中保持着人们共同的心理趋向和民俗精神。民俗体育促进了人类的进步，同时保留了民俗体育的本质特征，有利于民族团结、社会安定。

## 四、社交功能

社交行为是通过人际沟通改变个体与他人之间关系的行为，是心理健康与社会适应的主要指标之一。民俗体育以礼俗、娱乐等形式作为人们的社交渠道，在各种时间、场域或特殊情况下，为人们提供互动机会，满足人们不同的交往动机一种心理需求。

民俗体育通过共同参与的多种活动搭建起人们认识、情感、思想、心理的沟通桥梁，促进人们的社会交往和信息沟通，使人们获得精神共鸣、心理趋同、意识相近，从而协助更多人融入群体、社会，以利于民族的团结与繁荣发展。

## 五、人的社会化功能

人的社会化就是人由"生物人"变为"社会人"的过程。个体学习群体和社会的文化，发展各自的社会性，把自己融入群体中的过程就是人的社会化。在人的社会化过程中，民俗体育通过劳动、仪式、娱乐活动等途径，通过长辈或他人的口头传授、说教沟通、行为影响、情绪感染等方式，达到对人或人群进行生存技能的传授、社会行为规范的养成、共同社会价值观的培养、群体活动的融入、社会角色认同等目的，最终促进人的社会化。例如远古农耕文明时期的跑、跳、投、攀爬、射击、骑马、角力游戏等活动直接体现了人类的生活技能和谋生手段，人们在劳动、活动中直接传授与习得技能。这些游戏可以是个人的、小团体的或大型的，如掷沙包、踢毽子、龙舟竞渡等。这些游戏要求参与者共同遵守规则，能很好地规范人的社会行为。

仪式在民俗学、人类学中是最古老、最普遍的社会现象之一，是原生态民俗体育在民间呈现的普遍方式。人们依照惯例或在选定的日子里运用形体语言和器物等举行仪式，实现人们共同的民俗生活愿望。

民俗体育活动融娱乐、杂技、艺术于一体，是中华民族数千年的文化、心理积淀，它吸引全民参与，对建构社会秩序、弘扬民族精神、增强群众凝聚力、树立社会新风尚、促进人的社会化等具有不可替代的作用，是人的社会化的实践途径。

## 六、政治功能

重视民族民间传统体育项目的发掘整理和传播推广工作、弘扬民族传统体育文化等行为说明民俗体育、民间传统体育已被提升到国家政策层面的高度，得到了国家的重视，将获得新的发展机遇。民俗体育活动的开展有利于维护社会稳定，如集体性的传统运动项目舞龙、舞狮以及端午节盛行的龙舟竞渡等都是中华大地上人们共有的民间习俗，表达了人们共同的愿望。人们在快乐的氛围中欢度节日、享受生活，并在集体活动的感化下自觉地遵守社会规范。

国家积极推进新农村建设和城镇化建设，公共体育设施得到完善，民俗体育成为人们休闲、娱乐、健身的主要方式之一。一方面，人们的休闲时间增多、健康意识增强，使民俗体育受到重视；另一方面，随着全球一体化、信息多元化进程的加快，竞技体育项目也冲击着人们的视觉和听觉，中西体育文化的交流与融合成为新的发展趋势。在中西体育文化博弈中，我们要把地域性、民族性的民间体育元素融入广场舞和健身操中，让民俗体育活动回归人们的日常生活，使人们在以实际行动践行全民健身计划纲要的同时增强对民族文化的自信心。

## 七、教育功能

体育是教育的组成部分，民俗体育的教育功能主要体现在技能教育、礼仪教育、尊老爱幼教育、伦理道德教育、爱国教育等方面，可使人实现由"自然属性的人"向"社会属性的人"的转变与发展。教育学中关于"狼孩"卡玛拉的研究，说明完全脱离人类群体的人是不可能具备人的特质的。从这个角度来说，将体育理解为教育过程与人的社会化过程更为合适。民俗体育与教育相互渗透，在改造人的身体、精神、智力、情感和社会关系诸方面具有重要的作用，对建立现代人的价值观念、思维方式、情感方式、生活方式也有重要意义。

爬杆、采摘、打石子、摔跤、骑马、格斗、射箭等劳动技能的习得体现了民俗体育原始的教育功能，提高了人们的生活质量、生产能力与技术水平，增强了人类的整体生存能力。至今，蒙古族还保留和传承着摔跤、赛马和射箭的"男儿三艺"习俗，从饮食、居住、礼仪等许多方面体现着民俗体育的教育功能。这些习俗使人们形成了心理趋同性，利于人们形成团结友爱、共同奋进的民族精神。

在学校教育尚未普及的时代，民间教育的主要途径之一就是举行民俗体育活动，其中很多活动都需要众多村民自愿参与，如板凳龙活动。活动没有固定的程序，只能是人们"按照记忆，按照以前的模式和习惯"组织活动。"以前的模式和习惯"成了人们"共同遵循的价值观念和行为准则"。还有一些易组织、灵活性强的民俗体育项目，如掷沙包、打陀螺、沙滩下棋、沙滩自行车、绕岛赛船、踢毽子，也是没有规则、没有裁判的，人们按照惯例判断比赛结果，确定输赢，人人恪守不渝。这些约定俗成的惯例对参与者有极强的伦理道德约束力，对人们的行为有极强的规范性。

我国历史悠久、民族众多、地域宽广，各地区、各民族的生活习性各不相同。在民俗体育活动中，人们体会到集体荣誉感，感受到团队精神，在快乐的氛围中学习各种技能，以身临其境、耳濡目染的方式接受多种教育。

## 八、经济功能

从经济角度来说，民俗体育旅游经济开发是盘活区域经济的重要途径，大力建设生态旅游硬实力和文化旅游软实力是民俗体育发挥经济功能的主要策略。民众积极且乐于参与一些竞技性强的民俗运动项目，如抢花炮、珍珠球等，举办活动项目所形成的集会，能促进经济、商贸的交流与发展。在乡土经济形态的开发中，民俗体育项目表演，特别是少数民族地区的民俗体育项目表演，是重要的乡村旅游资源，能增强民间旅游魅力吸引更多的游客参与其中。例如，"民俗体育项目搭台，唱经济大戏"已是各地举办旅游节的主题活动；"民间庙会搭台，经济唱戏"是民俗体育旅游资源开发的又一形式，其目的都是获得更好的旅游经济效益。民俗体育旅游资源与各地的景区融合形成具有区域特色的民俗体育旅游经济，在此基础上，再搭建旅游经济圈招商引资平台，拓展市场，发展融资项目，带动食品餐饮等行业发展，从而以多种形式进行经济创收。

## 九、文化功能

文化是国家和民族的灵魂，集中体现了国家和民族的品格。文化的力量深深熔铸在民族的生命力、创造力和凝聚力中，是团结人民、推动发展的精神支撑和有力保障。五千年悠久灿烂的中华文化是中华民族生生不息、国脉传承的精神纽带，是中华民族面临严峻挑战以及各种复杂环境保持屹立不倒、历尽劫难而百折不挠的力量源泉，同时也为人类的进步做出了巨大的、突出的贡献。在开创中华民族美好未来的历史进程中，文化既为经济社会全面协调发展提供了强大的精神动力，也是经济社会发展的重要内容。民俗文化为繁荣和发展社会主义先进文化、树立民族自信、振奋民族精神、实现全面建设小康社会宏伟目标、构建社会主义和谐社会提供了重要的思想保证和精神动力。人类有两种文化，一种是写字的文化，另一种是说话的文化。民俗文化就属于人类文化中的说话文化，其中民俗体育以音乐、舞蹈这种文化至高境界的表达形式震撼人的心灵，传达一个民族在长期发展过程中逐渐形成的、具有特定象征性的固定的民俗含义的民俗文化。这种文化不断被民族群体所认同，并逐渐形成地域文化的文化惯性。文化惯性即既定文化形成后，处于这种文化背景下的人们共同遵循的价值观念和行为准则，以及这种文化作用于人们实践活动的内在力量。例如，瑶族的长鼓舞融民俗、体育、舞蹈、音乐于一体，是瑶族人在传统节日、庆祝丰收、乔迁或是婚礼喜庆的日子里进行的群众性文娱活动。长鼓的击鼓动作大多表现生产、生活内容，如建房造屋、犁田种地、模仿禽兽的动作等，形象生动，富有生活气息。

具有特定地域文化氛围的民俗体育文化以各地的民俗体育运动作为外在表现形式，表达人民大众的思维模式、行为方式、沟通需求、语言习惯等。民俗体育文化从体育与民俗动态的交融方式以及人们的切身感、生活感与地方感三个维度进行传播与传承，促进多民族传统文化的相互交融、相互渗透，丰富了民族传统文化的内涵，显示出文化对于提高民族凝聚力、创造力的重要性。总之，我国几千年的民俗体育文化以其群众性、集体性、娱乐性、仪式性、观赏性等特征吸引民众参与其中，是联结民众心理凝聚力、维护民族团结与稳定的纽带。民俗体育文化以其深厚的文化内核呈现出民俗文化古老的气息，以其潜移默化的宣教功能沉淀于民族文化中并融入民众的社会生活中，承载着优秀的民族精神，满足了民众沟通、交流的需求。

# 第四节　　民俗体育价值

"越是民族的，就越是世界的。"在全球一体化发展的今天，民族精神、民族品格、民族的优秀传统文化等显示了一个民族最本真的特色与神韵，代表民族的精髓、灵魂。在我国悠久的农耕文明发展史中，各民族的日常"生活文化"是我国特色文化的重要内容，是世界文化体系中具有深厚的文化底蕴的独特的组成部分。我国民间的民俗体育活动是民间"生活文化"的源泉，具有多元价值体系。

## 一、强身健体与娱乐价值

民俗体育最初的价值体现在强身健体方面。在原始的自给自足的社会中，人们在日常生活中运用的采摘、攀爬、捕鱼、狩猎等古老而朴素的生活技能和谋生手段增强了人体的协调性、灵敏性、力量素质。民间的各种乡土活动经过一代又一代人的传承与演变，不但项目繁多、各具特色，而且受到男女老幼的喜爱，逐渐演变为具有启蒙作用的、模式化的民俗体育活动。舞龙、舞狮、放风筝、拔河、摔跤、踢毽子、跳绳、打陀螺、踩高跷等民俗体育活动得到广泛普及，开展起来也较为简单，规模可大可小，形式多样，轻松活泼，可以充分调动参与者、观赏者的情绪，使人在这种身体活动中感受到快乐，愉悦的情感又促使人们更加喜爱民间乡俗活动。

## 二、保持民族文化价值

民俗体育文化指的是民众（民间）的原生态的体育文化，它是民间文化的重要组成部分，其突出特征是对民间群体起"民俗教化"的作用，使群体从心理上接受、认同其本民族的文化。例如，龙舟竞渡发源于人们对龙图腾的崇拜，发展到汉代时又成为纪念屈原的一项重要的民俗体育运动。由于屈原是一位凝聚着中国传统伦理道德和价值观念的著名历史人物，通过纪念屈原的活动，人们产生了强烈的民族自豪感和自信心，在一定程度上增强了民族的向心力、凝聚力和号召力。不同民族的风俗不同，文化也存在差异，且不能互相代替。

民俗体育文化是人民大众的"生活文化"，是最能体现我国民众的民族信念、民族精神、价值观念、伦理道德的文化。今天，我们要在非物质文化遗产的保护政策下，本着"没有民族性就没有世界性，没有本土性就没有全球性"的信念，尽力保护、传承祖先留下来的珍贵遗产，使之发扬光大。

## 三、传承价值

我国几千年的民俗体育的传承价值体现在文化传承与活动传承两方面。我们要通过历史传承、现代传承两种方式，使民俗体育的文化内涵更丰富，特色更鲜明，活动项目的地域性、民族性特征更浓厚、更稳定。民俗体育的传承价值还体现在：将特色文化作为我国独特的精神财富，使我国传统文化在文化全球化浪潮中依然保持独有的文化特色，在世界文化之林中依然璀璨、醒目。民俗体育的诞生依赖于人们的生活环境和生存条件，又依附于民俗事象而获得传承，人们总是在喜闻乐见的传统生活方式中继续发扬和完善祖先创造的活动项目。

民俗体育是一种特殊文化，集传承性、创新性于一体，富含一个地区乃至一个民族在历史发展过程中创造的无可替代的文化内涵。集地域性、实用性于一体的民俗文化通过传承，既起到了促进社会发展和文明进步的作用，又保持了各民族民俗文化的持久性和不可更改性，使我国的民族文化在西方文化强势冲击中，依然保持着独有的文化特色。

## 四、教育价值

民俗体育的教育价值主要体现在：通过民俗活动仪式培养人们的民族精神、弘扬民族精神，表现为对信仰的追求、对伦理道德的遵行、对社会行为规范的养成、对爱国情感的培养等。民俗体育的仪式不仅可以作为一种集体记忆的容器，装载许多已变迁的文化内容，还可以改变自己的形式、内容和意义，以适应文化的变迁。民俗体育通过举办仪式活动，把本地区、本民族过去的有关意象和有关记忆再现在人们的视野中，传达先人在实践活动中总结出的精髓，维系人的信仰与社会的稳定与和谐。今天，民俗体育项目进社区、进学校、进广场、进村落已经是一种常态化现象。这些民俗体育项目通过象征体系的表演来表达行为背后的意义，且以"模式化＋创新元素"的行为来建构更丰富的内涵、更深刻的意义，以期培养人们对我国传统文化的感情。各地风俗习惯具有较强的稳定性和区域性，各地的民俗体育也表现出鲜明的民族特征。民俗体育是民族精神的集中体现，对人们具有巨大的感召力和凝聚力。民俗体育文化的传承与交流促进了各族人民之间的情感交流，使人们保持积极向上的心态、传递共同的社会价值观，促进各民族的团结、和谐。

在文化现代化、全球化发展的格局中，我国民俗体育文化的传统性更显示着其宝贵的内涵价值。民俗体育承载的民族意识、民族文化、民族习俗、民族性格、民族信仰、民族价值观念和价值追求等特质，维系着中华民族的生存和发展，是中华民族生命力、创造力和凝聚力的集中体现，是中华民族敢为天下先、善为天下先、团结奋进、自强不息、共同发展的核心和灵魂，是我国传统文化屹立于世界文化之林的强大后盾。每个中华子孙都应接受我国民俗体育文化的教育，尽己之力传承、发扬我们的传统文化。

## 五、审美价值

带着浓郁乡土气息的民俗体育是集音乐、舞蹈、技巧、武术、杂技于一体的民间民俗活动，随着社会的发展，其表演中的美学价值越来越被人们重视，满足了人们更高的审美需求。民俗体育表演文化主要通过表象美（包括形体美、运动美、造型美、道具美、服饰美、物化美）、韵律美（包括音乐美、舞蹈美）、精神美（指人的内在品质和气质美，是动作、气质、道德品质、意志力和智慧等相互融合而产生的美）三个方面来表现日常的文化内涵、劳动和生活内容。民俗体育每一个项目的背后都蕴含一个动人的传说、神奇的故事或者美好的寓意，人们通过肢体语言，配合舞蹈、音乐，传达对英雄的崇拜之情、对先人的祭拜之情、对美好心愿的祈祷之情、对幸福生活的祝贺之情、对民族精神的捍卫之情等。在具体的民俗体育表演中，民俗体育项目的审美价值各有侧重，如蛟龙入水的表演能给人壮观的美感，麒麟狮象灯表现了运动美，叠罗汉表现了力量美与造型美，旱船表达出中华儿女勇敢顽强、努力拼搏的寓意美等等。民俗体育通过艺术化的表演活动，使自身在传承中得到丰富和发展，同时带给人们身临其境的视觉冲击和美的享受，把民俗活动中展现出来的多种美推向高潮，表达人们对生活、情感、思想和愿望的期许。美学价值使民俗体育从单一的民间活动变成了富有艺术性和观赏性的民间表演艺术，这对推进全民健身、促进民俗文化的传承、振奋民族精神、构建和谐社会具有不可估量的价值和意义。

## 六、拉动经济增长

"民俗体育搭台，经济唱戏"已成为民间经济开发的普遍模式，成为地方经济新的增长点。民俗体育以民俗风情为抓手，通过发展旅游业、加工业、文化产业、餐饮产业、服务业等产业，打造新的产业链，吸引多方投资，拉动内需，促进消费，扩大、发展市场经济，以推动地方经济的繁荣发展。

各地以具有代表性的民俗体育项目为重点开发对象，形成了内容丰富、形式多样、特色鲜明的旅游区、旅游带、景点区，形成了集会或旅游旺季，盘活了区域经济，进而增强了我国的整体经济实力。

# 第二章　民俗体育文化

## 第一节　文化的概述

悠悠中华五千年的文明史，文化底蕴其深、其厚，可想而知。民俗体育作为中华传统体育的重要组成部分，其起源、形成与发展无不与中华传统文化糅合在一起，形成不可分割的整体。在现代，民俗体育的价值主要体现在文化价值方面。所以，对民俗体育的研究在很大程度上就是对其文化内蕴的研究。

### 一、文化概念的界定

文化是一个复杂的概念，对其的界定也是一项复杂的工作。据相关资料统计，关于文化的定义有一百多种。下面是国内外的几种说法：

"文化"一词，在中国古代指"以文教化"，与武力征服相对应，即所谓的"文治武功"。《周易》的"观乎人文，以化成天下"可看作是文化的原始提法。孔颖达在《周易正义》中对其解释道："观乎人文以化成天下者，言圣人观察人文，则诗书礼乐之谓，当法此教而化成天下也。"颇有从观念形态谈文化的意味，但与近代所说的"文化"含义还是大不相同。现在的"文化"一词，据猜测是20世纪末从日文转译过来的，其源于拉丁文，有加工、修养、教育、文化程度、礼貌等多种含义。而专门的文化研究，是在19世纪下半叶人类学、社会学、文化学等学科兴起之后产生的，原因在于新学科均以文化研究为主要题材。时至今日，国外许多学者给文化下过定义，但没有一个统一的看法。

文化学的奠基者泰罗（E. B. Tylor）先后给"文化"下过两个定义：

①文化是一个复杂的总体，包括知识、艺术、神话、法律、风俗以及其他社会现象。

②文化是一个复杂的总体，包括知识、信仰、艺术、道德、法律、风俗，

以及人类在社会里所得到一切的能力与习惯。

文化是某个人类群体独特的生活方式，是他们整套的"生存式样"。据此文化可以界定为：是历史上所创造的生存式样的系统，既包含显性式样，又包含隐性式样；它具有为整个群体共享的倾向，或是在一定时期内为群体的特定部分所共享。

文化的概念有广义与狭义之分。从广义上来说，是指社会和人民在一定的历史发展水平上，表现出来的生活和活动的种种类型和形式，以及人们所创造的物质和精神财富。从狭义上来说，仅指人们的精神生活领域。

文化的概念可分为两类。第一类是"一般性"的定义，即文化等同于"总体的人类社会遗产"；第二类是"多元的相对的"文化概念，即文化是一种源于历史的生活结构的体系，这种体系往往为集团的成员所共有，它包括这一集团的"语言、传统、习惯和制度，包括有激励作用的思想、信仰和价值，以及它们在物质工具和制造物中的体现"。

《辞海》也把文化作了广义与狭义的区分。广义的文化是指人类在社会历史实践过程中所创造的物质财富和精神财富的总和；狭义的文化则指某种思想意识形态和与之相适应的制度与组织机构。

文化即是人类生活之大整体，汇集起人类生活之全体，是长时期的大群集体公共人生。

多数学者认为，若对"文化"作最广义的理解，如说它是人类创造的物质文明和精神文明的总和，就使文化成了无所不包的概念，失去了它作为具体事物的特殊性，模糊了它的特质；而作最狭义的理解，如指以文艺为主的文化，又使它失去了本来具有的一般性。他们认为，从文化的发展过程看，它既属于见诸文字的东西，又属于见诸社会现象的种种事物，比如习俗、心理、艺术等传统，总的来说都是人类精神活动的产物。持这种看法的人都倾向于作为观念形态的文化定义。

## 二、广义的文化与狭义的文化

广义文化与狭义文化概念的内涵与外延存在很大差异。广义的文化着眼于人类与一般动物、人类社会与自然界的本质区别，以及人类独特的生活方式，其涵盖面非常广泛,所以又被称为"大文化"。文化之本义,应对经济、政治乃至一切无所不包。广义的文化包括文艺创作、哲学著作、风俗习惯、饮食器服之用等。狭义的文化专指能够代表一个民族特点的精神成果。面对大文化如此庞杂的认识对象,人们自然要将对文化的结构解剖当作文化研究的首要程序。

关于文化的结构,有物质文化与精神文化两分说,即物质、制度、精神三层次说;物质、制度、风俗习惯、思想与价值四层次说;物质、社会关系、精神、艺术、语言符号、风俗习惯六大子系统说等。根据四层次说理论,文化结构包括:

### (一)物态文化层

物态文化层是人的物质生产活动及其产品的总和,是可感知的、具有物质实体的文化事物,是构成整个文化创造的基础。物态文化以满足人类最基本的生存需要——衣、食、住、行为目标,直接反映人与自然的关系,反映人类对自然界的认识、把握、利用以及改造的深入程度,反映出社会生产力的发展水平。

### (二)制度文化层

制度文化层是由人类在社会实践中建立的各种社会规范构成的。人的物质生产活动是一种社会性活动,只有构成一定的社会生产关系才能进行。人类高于动物的一个根本之处,就在于他们在创造物质财富的同时,又创造了一个属于自己、服务于自己而又约束自己的社会环境,创造出一整套处理人与人(个体与个体、个体与群体、群体与群体)相互关系的准则,具体表现为社会经济制度、婚姻制度、家族制度、政治法律制度,家族、民族、国家,经济、政治社团,教育、科技、艺术组织,等等。这一部分成果虽然不直接与自然界发生关系,但其特质、发育水平归根结底是由人与自然进行物质交换的一定方式所决定的。

### (三)行为文化层

行为文化层是由人类在社会实践,尤其是在人际交往中约定俗成的习惯性定势构成的。这是一类以民风民俗形态出现并见之于日常起居行为中的具有鲜明的民族、地域特色的行为模式。它是一种社会的、集体的行为,不是个人随心所欲的行为。

### （四）心态文化层

心态文化层是由人类在社会实践和意识活动中长期孕育出来的价值观念、审美情趣、思维方式以及由此产生的文学艺术作品等构成的。这是文化的核心部分，也是文化的精华部分。

广义的"文化"是从人之所以为人的意义上立论，因而将人类社会——历史生活的全部内容摄入"文化"的定义范围。一般来说，文化哲学、文化人类学等学科的研究工作者多对"文化"的界定持这种看法。与之相对应的是狭义的"文化"。狭义文化排除人类社会——历史生活中关于物质创造活动及其结果的部分，专注于精神创造活动及其结果，所以又被称作"小文化"。文化"乃是包括知识、信仰、艺术、道德、法律、习俗和任何人作为一名社会成员而获得的能力和习惯在内的复杂整体"。这是早期对狭义文化的经典解说。

广义"文化"与狭义"文化"，涉及范围大小有别，"文化"概念广、狭的确定，一般由研究者的学科、课题、内容而定。需要说明的是，狭义文化在逻辑上从属于广义文化，与之存在不可分割的联系。我们在研究人类的精神创造时，不能忽视物质创造活动的基础意义和决定作用；在讨论关于心态文化诸问题的时候，不能忽视物态文化、制度文化、行为文化对于心态文化的影响、制约。总之，不能将"小文化"与"大文化"割裂开来。

## 三、中华传统文化

### （一）中华传统文化的内涵

对于"中华传统文化"，人们都习惯地称之为"传统文化"。在学术界，人们对此各有不同的理解。一种观点认为"传统文化"是在过去一个漫长的历史进程中形成和发展起来的，是指在周秦至清中叶这 3000 多年历史中形成并发展起来的文化。另一种观点则认为，"传统文化"是指从过去一直发展到现在的东西，"传统文化"是现代文化的反映。还有一种观点认为，"传统文化"是指植根于自己民族土壤中的稳态的东西，但又有动态的东西包含于其中，是过去与现在交融的过程，渗入了各时代的新思想、新血液。一些学者还提出，"传统文化"不仅表现在各种程式化了的理论形态方面，更广泛地表现在人们的风俗习惯、生活方式、心理特征、审美情趣、价值观念等非理论形态方面。

文化形态是由语言和文字、物质生产与物质生活、精神生产与精神生活、各种层次的社会组织与社会关系等一些子系统构成的大系统，它是历史发展的综合成果，是社会的整体性产物。一经形成，势必对社会的每个成员产生影响，使他们的思想、观念、心理及生活实践自然地符合其要求与准则。所以，文化不仅具有普遍性、整体性的特征，还具有直观性、丰富性、多样性、具体性的特点。

中华传统文化是我们的先辈留下来的丰富遗产，曾长期处于世界领先地位。传统文化所蕴含的代代相传的思维方式、价值观念、行为准则一方面具有历史性、遗传性，另一方面又具有现实性、变异性，它无时无刻不在影响、制约今天的中国人，为我们开创新的文化提供历史根据和现实基础。因此，传统文化距离我们并不遥远，在现实生活中，我们时时刻刻都能感觉到它的存在。

## （二）中华传统文化的基本精神

### 1. 以人为本

中国文化关注的对象是人。以人为本的人文主义或人本主义一直以来被认为是中国文化的一大特色，也是中国文化精神的重要内容。中国文化侧重于人与社会、人与人之间的关系以及人自身的修养问题。中国哲学，包括儒、道、佛思想，本质上都是一种人生哲学。实践证明，以儒家为代表的以人为本的思想，在后来的封建社会中得到广泛的认同和创造性发展。

中国文化重人，但并非是尊重个人价值和个体的自由发展，而是将个体融入群体，强调五伦，强调人对于宗族和国家的义务，是一种宗法集体主义人学，是一种以道德修养为旨趣的道德人本主义。西方文化中的人文主义注重个体的价值，强调个人的权利与自由，强调人与人之间的平等契约关系，实质上是一种个性主义。中国文化中的人本主义传统，重视道德伦理、角色扮演、履行义务，对维系社会正常运转、人际和谐和人生修养等方面都具有积极意义。

### 2. 儒道互补

从总体上讲，中国文化是以儒道互补为主体来构架的。从中国文化思想发展史来看，春秋战国时期，思想界出现了百家争鸣的局面，儒道两家思想影响较大。

从儒道两家思想对中华传统文化的影响来看，儒学对中华传统文化乃至整个社会生活都有广泛而深远的影响，尤其是对中华传统政治文化、伦理道德、文化教育、风俗习惯、国民精神等方面的影响甚是深远。而道家、道教则对中国传统哲学、文学、艺术、科技、医药、体育等领域有相当广泛的影响。儒道两家的思想内涵虽然各不相同，但双方也存在颇多暗合、融通之处，它们相辅相成、相映生辉。这在中华传统文化中有典型表现，如传统哲学中的"阴阳"对立统一观念，古典美学中以善为美及以和为美的审美情趣，古代文学中"文以载道"及崇尚自然的文论流派，传统士大夫的"达兼穷独"的人生价值取向以及民族性格中刚柔相济的品格等，都是儒道互补在中国文化精神中的具体体现。

### 3. 以和为贵

中华传统文化根植于农耕文明，表现出一种静态的特征，重视自然和谐、人与自然和谐、人与社会和谐、人与人之间和谐、人自身的身心和谐等。中华传统文化以和为贵的和合精神充分体现在"天人合一"的思想传统中。在古代思想家看来，天与人、天道与人道、天性与人性是相通的，因而可以达到和谐统一。无论是儒家还是道家都主张"天人合一"，反对天人对立。以儒家为代表的中华传统文化中"以和为贵"的思想观念主要侧重于人与社会以及人与人之间的和谐统一，孔子所谓的"礼之用，和为贵"和孟子的"天时不如地利，地利不如人和"的思想，可以明确印证这一点。

"持中贵和"不仅是中华传统文化中极其重要的思想观念，而且培育了中华民族的群体心态，这在中国文化的各个领域都有明显的体现。"极高明而道中庸""执其两端而用其中于民""致中和"等，无不是农业自然经济和宗法社会培育的人群心态。经过长期的历史积淀，和谐精神逐渐泛化为中华民族普遍的社会心理。如政治上"大一统"的观念，经济上"不患贫而患不均"的思想，文化上"天下一家"的情怀，为人方面"中行"的人格，艺术上"物我通情相忘"的意境，文学上"大团圆"的结尾，美学上"以和为美"的审美情趣等，无不是如此。

### 4. 实践理性

所谓"实践理性"，主要体现为一种重现世、重实践、重事实、重功效的思想方法和价值取向。它作为中国传统文化心理结构的主要特征由来已久，而以理论形态呈现则是在先秦儒、道、法、墨等主要学派中。它注重客观事实，注重历史经验，重视直觉顿悟和整体思维，满足于解决问题的经验论的思维方式。作为一种价值取向，实践理性注重身体力行、经世致用的行动哲学，尤重道德功利主义。

实践理性对中国文化和民族精神的影响尤为深远，在实践中产生了双重效应，但积极效应占主导地位。"实事求是"的思想路线是实践理性在现实中的积极效应。"实事求是"的现实含义是具有全方位的求真务实的基本精神，反映在现世实践中的各个领域，但其原意是一种严谨治学的科学精神。"实事求是"的学风是一种科学的态度和实学的精神，对后世产生了相当积极的影响，它所奉行的学以致用、身体力行的信条对中国历代仁人志士的人生价值也有深远影响。

# 第二节　民俗体育与中国传统文化

中国民俗体育作为民族传统体育的一部分，是由中华民族创造并传承下来的一种综合的文化现象，包含一个民族的伦理价值、国民性格、审美情趣等，是民族文化的重要组成部分。民俗体育的活动形式和纯朴自然的内容，既是中华民族文化的展示，又是中华民族精神的体现。各个民族的传统体育和现代体育共同构成了今天丰富灿烂的体育文化，而民俗体育正是传统体育文化走向现代的桥梁。

## 一、中华民族与民俗体育

### （一）中华民族的概念

在久远的古代，中华民族的祖先就在亚洲东部这片广阔的土地上劳动、生息、繁衍。在新石器时代末期，黄河中下游的中原地区就已经形成了一个部落联盟集体。在这个部落联盟集体内，各氏族、部落间经济文化发展不尽平衡。炎帝族与黄帝族合并，组成了炎黄部族，并成为以后的华夏民族的核心。华夏民族逐渐收并周围的异族，在扩展到黄河、长江中下游的东亚平原后，被其他民族称为汉族。汉族不断吸收其他民族成分而日益壮大，并且渗入其他民族的聚居区，构成具有凝聚和联系作用的网络，奠定了以这个疆域内许多民族联合成的不可分割的统一体的基础，成为一个自在的民族实体，经过民族自觉而称为中华民族。

今天的中华民族包括 56 个民族，其中汉族是主体民族，占全国人口的 90%以上，而汉族以外的 55 个民族由于人口比例小，习惯上称为"少数民族"。费孝通先生将这种局面称为"多元一体格局"，即 56 个民族单位是多元，中华民族是一体。汉族和各少数民族是源远流长的中华文化的共同创造者。虽然各民族的物质文化和精神文化呈现出千姿百态的风貌，但其中所包含的中华文化的深层内涵都是相同的。中国 56 个民族以自己的勤劳、勇敢和智慧创造了灿烂的文化，都在丰富中华民族文化宝库中做出了自己的贡献。中国各族人民共同创造的璀璨多姿的文化在世界文化史上占有重要地位。

### （二）民族融合促进了民俗体育的交融

中华民族具有大杂居、小聚居、大融合的特点，这对我国民俗体育文化的影响就表现在促进民俗体育的融合。在同一个地区，往往聚居着多个民族，各民族之间共同生活和交流，必然促进民族文化融合，又为各民族民俗体育的交流、融合提供了十分有利的条件。我国各民族之间的交流与融合是十分频繁的，自然也促进了各民族之间传统体育的交融，使得原本只在很小的区域内、在单独一个民族中开展的民俗体育项目能够在众多民族中广泛地流传、推广。

## 二、经济文化与民俗体育

56 个民族生活在我国辽阔的地域上，由于地理环境和自然条件的不同，形成了不同的经济文化，主要分为农耕经济型、畜牧经济型和采集狩猎经济型三大类。经济文化是体育文化的基础，经济文化不同的特点造成了各民族民俗体育的不同。

### （一）农耕经济文化对民俗体育的影响

农耕经济文化地区主要是黄河、长江和珠江中下游流域构成的中原与南方部分地区，这些地区气候温和、土壤肥沃，适宜发展农耕经济。发展农耕经济文化的民族主要包括汉族以及部分南方少数民族。

汉族是崇尚农业的民族，主要聚居在黄河、长江、珠江中下游流域和东北松辽平原。长期的农耕经济对汉族的民俗体育的影响很大，汉族中流传的体育项目，与农耕生产文化相关的有很多。

## （二）畜牧经济文化对民俗体育的影响

畜牧经济文化主要兴起于一些草原地区，如我国北部和西部地区是辽阔的山地、高原地带，这里有发展游牧畜牧业的自然条件。以畜牧经济为生产方式的民族主要包括蒙古族、哈萨克族、维吾尔族等，他们的自然环境和生活方式孕育了赛马、叼羊、姑娘追等骑术项目，展现了畜牧经济文化的特征。

畜牧经济比较发达的民族是蒙古族，蒙古族居住的地理环境和以游牧为主的独特生产方式，使得其民族民俗体育项目有很多，其中最具代表性的是搏克、赛马和射箭。这三项体育活动是力量、速度与技术的较量，更是智慧、勇气与精神的较量，展现了蒙古族人民强健、剽悍的民族风貌。祁连山麓的裕固族也以畜牧经济生产方式为主，因此他们的民俗体育活动也是畜牧经济影响的结果，如射箭、赛骆驼。在青藏高原地区，生活着藏族、蒙古族、土族、撒拉族等民族，他们也将游牧作为一种生产和生存方式，在这种游牧文化的影响下开展的民俗体育活动，如赛牦牛、赛马、马术、套马、骑马劈刀、射箭、藏跤、打布鲁、打响鞭等也带有世界屋脊的游牧民俗体育文化特色。

## （三）采集狩猎经济文化对民俗体育的影响

一些少数民族居住的地区环境恶劣，他们要生存就必须与大自然和野生动物进行搏斗，狩猎是他们生存与生活的手段，从而形成了采集狩猎的经济文化。具有代表性的主要是我国南部和西南部的佤族、德昂族、布朗族、独龙族等民族，他们开展的体育项目主要有跑、跳、投、攀、射、骑等，藏族、彝族的射箭，藏族、彝族、白族、怒族的赛马，土家族的飞石子、打飞棒等投掷类项目均从不同角度反映出狩猎所需的技能技巧。民俗体育项目是从物质生产方式过程中传承与演变而来的，是对作为一个民族物质文化基础的经济文化环境的反映，在采集狩猎经济文化中形成的民俗体育运动自然带有这种文化的特点。例如蒙古族的骑马、马术、射箭，苗族的射箭、射弩，土家族的打飞棒、攀藤，景颇族的打弹弓，满族的狩猎，纳西族的飞石锁，赫哲族的爬犁等，都是流传至今的少数民族物质文化，从运动的内容形式来看，都带有采集狩猎生活的特点。渔业经济也是采集狩猎经济中的一种，鄂温克族和鄂伦春族就以渔业为主要经济生活方式，由此产生了叉草鱼等民俗体育项目。

## 三、文化艺术与民俗体育

人与自然、人与人之间保持一种和谐统一的关系是中国文化艺术的突出特征，中国文化艺术注重自然、和谐以及内心的修为和愉悦，这些都体现在中国的民俗体育项目上，如舞龙、舞狮、民族式摔跤、荡秋千、放风筝、龙舟等。它们的特点就是通过体育活动来锻炼心志、启迪灵性，提高人格修养，使身体修养和道德修养和谐统一发展，进而形成理想的人格。通过自身的修养来完成对内在精神的培养，以及重在养气、养生、养性、养心的修养成为中国民俗体育所追求的目标。民俗体育运动在一定的历史阶段中产生并不断发展，它是对一个民族的民族精神真实、全面地反映，与一个民族的审美情趣和娱乐需求相符合，正是受民族文化的影响，民俗体育在文化层次上进化、延伸，在内容上拓展、充实，在形式上丰富多样。传统的文化艺术，无论其形式是动态的歌舞，还是静态的造型艺术都包含某种愿望和祈求。文化艺术通过一种威严、肃穆的方式把文化观念表现出来，并将其转化为一种内在的精神力量，从而对人们的精神世界产生影响。民俗体育与文化艺术交融在一起，两者相互影响。舞蹈是文化艺术的一种，但是从各民族的舞蹈中可以看出舞蹈与体育运动密不可分，如苗族的"芦笙舞"需要舞者边吹边做快速旋转、矮步、翻滚、倒立等技巧动作，要完成这系列动作需要一定的训练基础；白族的新王鞭，表演者手拿霸王鞭做各种穿花、进退、下蹲转身、跳跃等动作；还有独龙族的剽牛舞、射日舞，傣族的刀舞、棒舞、棍舞、拳舞、孔雀舞，彝族的跳月琴，哈尼族的竹筒舞，壮族的铜鼓舞，土家族的摆手舞等都需要有一定的运动技能。可以说舞蹈既是一种表演艺术，又是一种增强体质的体育活动。而其他文化艺术，诸如藏戏、白族的壮戏、布依族的花灯剧、侗戏、苗戏、毛南戏以及杂技、"百戏"等传统的表演艺术，都对民俗体育有深远影响，并主要对民族传统体育内容进行了丰富。此外，一些体裁多样、风格新奇、色彩斑斓的文化艺术，如民族美术中的岩画、绘画、工艺美术以及实用工艺品保安刀、阿昌刀等，都有民俗体育的风采。综上，可以看出文化艺术对民俗体育不仅起着沟通和诠释的作用，而且具有引导和重塑的作用。

## 四、民俗文化与民俗体育

民俗作为一种社会群体共有的、代代相袭的行为方式，是构成人类文化的重要因素，它是一种不断传承与发展的文化。民俗体育与民俗文化之间有非常密切的关系，民俗文化影响民俗体育的形成与发展，而民俗体育是对民俗文化的一种反映。

### （一）日常生产生活习俗与民俗体育活动

民俗文化的一个重要组成部分就是日常的生产生活习俗，这些生产生活习俗对民俗体育的产生、开展和流传有积极的推动作用。日常的生产生活习俗也包含着非常丰富的民俗体育活动内容，如彝族的养子舞、苗族的舂米舞和一些民族的赛马等。根据民俗体育的具体情况，可以说生产劳动是民俗体育最重要的起源，日常的生产生活习俗是民俗体育最重要的影响因素。例如，"叉草球"这一民俗体育活动的形成与发展，便是受赫哲族人们日常生产生活习俗影响的结果。早期的赫哲族人们为了培养孩子们叉鱼的兴趣与技巧，用草编制成球，一人先将草球扔在草地上向前滚动，另一人掷出鱼叉将其叉住，这种日常的生产生活习俗后来发展成了"叉草球"这一民俗体育活动。在日常的生产生活习俗中还经常穿插民俗体育活动，其中最广泛的就是舞蹈，因为舞蹈与人们的日常生产生活联系得最为紧密。如云南的怒族酷爱舞蹈，而且能歌善舞，在有人做客时，怒族都会用舞蹈来表达感情，欢迎时，跳的是"双人舞"，风格欢快；道别时，则跳"拜别舞"，以示告别。怒族的舞蹈具有节奏鲜明、欢乐轻快的特点，反映了怒族的生产生活习俗。饮酒舞、盖房舞、出工舞、洗麻舞、种树舞等几十种舞蹈，构成了怒族生活的场景，仿佛是一幅古朴的风俗画，是对中国民俗体育与生产生活习俗融合的深刻反映。

### （二）节令与中国民俗体育

节令与民俗体育都是一种文化现象，两者在漫长的产生、发展历史过程中相互影响、相互融合，有十分密切的关系。其中节令性是民俗体育文化的重要属性之一。中华各民族丰富多彩的年节活动为民俗体育提供了一个表演的机会与舞台，民俗体育在年节中传承、发展，并与中国年节文化相互交融、相互影响。

### 1. 民俗体育在年节中传承、发展

年节是民俗的重要内容，每个民族都有自己的年节。年节是对不同民族历史与文化的反映，也凝聚了民族性的共同经验、思维方式、价值观念和审美情趣。年节对体育民俗的作用主要体现在它为民俗体育的传承与发展提供了载体。年节中的民俗是民俗体育产生的土壤，同时年节也是民俗体育传承和发展的土壤。

### 2. 民俗体育与年节文化的交融

民俗体育与年节文化相互交融，一些民俗体育已成为年节文化的重要组成部分，两者呈现出密不可分的关系。"重阳节"是重要的节日，在这一节日中，"登高"是必定要进行的活动；而到了"春节"，异彩纷呈的"舞龙"和"舞狮"则必不可少；彝族的"摔跤"和"赛马"比赛是"火把节"中的重要民俗体育活动；还有汉族的清明踏青、端午龙舟竞渡、正月十五观灯，傣族泼水节的龙舟赛和象脚舞等都是年节的民俗体育项目。一些喜闻乐见的民俗体育活动与民族传统节日紧密联系在一起，尽管不同民族的各种节日时间、纪念意义、活动内容等有所不同，但是把民俗体育作为节日的一项重要活动内容却是相同的。

中国年节文化对民俗体育的影响是广泛而深远的。由于生产劳动、军事战争、政治等因素不断对中国年节造成影响，年节的时间、地点和活动内容也经常发生变化，有些节日还曾时断时续，这些变化使民俗体育的组织形式、活动内容、竞赛规则、奖励办法等一系列的事宜受到了影响。民俗体育活动的娱乐性发展是年节文化影响的另一方面。欢乐、庆祝是年节的主题，在年节的日子里开展体育活动，人们更重视的是娱乐而不是竞技，这无形中增强了民俗体育娱乐性的特点，从而使一些娱乐成分重的项目在年节活动中得到了很大发展，如龙舟竞渡、舞龙、舞狮等。民俗体育的重娱乐、轻竞技的特点，显然是受到了年节文化的影响。

## （三）中国婚俗文化与民俗体育活动

婚俗文化是民俗文化的重要组成部分之一，民俗体育中的一部分内容与历史上存在的婚姻习俗有密切关系，了解这一关系，对进行民俗文化研究和民俗体育研究有深远意义。

1. 体育活动对男女婚恋的作用

在婚恋中，男女之间传递感情、表达爱慕之情需要过程，也需要一定的媒介，体育活动在男女婚恋中就充当了这个角色。各民族一般都有开展体育集会或在节日期间举行体育活动的传统，这种体育活动为男女婚恋提供了机会，如哈萨克族的"姑娘追"、布依族的"丢花包"、壮族的"抛绣球"、瑶族的"抛花包"和苗族的"荡秋千""赶秋"等活动，都给男女青年提供了向彼此表示爱意的机会。民俗体育活动的开展，使社群成员大量聚集在一起，增加了社群成员的接触机会，从而提高了人们选择称心如意伴侣的概率，婚姻成功率也远远超过了平均水平。传统体育活动不仅给社群成员提供了择偶机遇，也对社群成员产生了限制，使他们的择偶在不损害社群生活及社会秩序的前提下进行。

2. 婚庆习俗与民俗体育

婚姻是人生大事，各民族对婚姻都非常重视。在婚庆时，一般都会举办重大仪式，由于各民族的特点和风俗不同，婚庆习俗也有所差别，而这些婚庆习俗对民俗体育也有一定的影响。

# 第三节　民俗体育文化的形成与发展

任何文化的形成都有特定的环境，与一定社会的政治结构、经济结构密切相关。中国文化也不例外，有与世界其他族类的文化迥异奇趣的内在特质和精神风貌。民俗体育文化的产生和发展与华夏民族人类社会的进步和发展息息相关、密不可分。正是由于根植于中华民族传统文化的土壤中，民俗体育文化才具有相对稳定的形式、内涵和价值，充分显示出中华民族传统文化的博大精深和民俗体育的强大生命力。

## 一、民俗体育文化的起源学说

民俗体育文化源于劳动人民的生产和生活需要，并直接服务于生产和生活实践。这就可以看出民俗体育文化产生的动因与需要有直接关系，也就是说，人类的生产和生活实践需要是民俗体育文化产生的源泉和动力。

但是，由于人们的观点不同，对体育概念的理解不同，因此对我国民俗体育文化的起源所持的观点也不尽相同，笔者归纳出以下几种。

## （一）劳动起源说

生产劳动是原始人类最主要的社会活动，劳动及生产工具的使用是体育文化产生的重要因素。这可以从一些考古学发现中得到证实。例如在丁村人文化遗址中出土了少量石球，经证实，其为约十万年前原始人类的狩猎工具；在许家窑人类文化遗址中发现了大量的约四万年前的石球；而在西安半坡人文化遗址中除了发现大量六七千年前的石球外，还意外地发现了为小孩殉葬的石球及若干陶球。这种石球与近代我国纳西族人打猎时所用的"飞石索"相似，是一种用一根绳子拴住石头，再将石头抛掷出去的狩猎工具。原始社会后期，人们在生产劳动之余，发明了以手抛脚踢或两球相碰为内容的游戏，这样石球就从生产工具演化成游戏用具，从而产生了体育的萌芽。

在我国，劳动起源说被认为是比较合理的一种论说，它是根据马克思主义的科学原理总结出来的，在各种体育文化起源观点中占主导地位。体育是人类有意识的社会活动之一，所以体育产生的基本前提是有人类社会的出现、生产工具的改进、思维的发展、语言的产生等，而这一切先决条件都根植于劳动。从这个意义上讲，劳动创造了人及人类社会，也是体育产生的源泉。但是，劳动更是人类生存的需要。需要是个体和社会的客观要求在人脑中的反映，是个体和群体行为的基本动力。任何社会现象无不以社会的需要和人的需要作为其产生、存在和发展的依据。因此，民族传统体育文化产生的动因，也是其产生某些活动倾向的状态，是促发行为的根源，而行为则是为了达成目标的行动，是用以满足需要的方式和手段。

从需要的理论来分析民俗体育文化产生的动因，我们发现，远古时期原始人类的身体活动（体育文化因子）与生产和生活实践密切相关。在生产力极其低下的情况下，人类为了生存和发展，就必须学会一些生活所需的技能，例如跑得快、跳得高、投得远以及攀登、泅水等，这些技能的传习，可以说是未来教育的源头，以及未来体育的起点。狩猎是当时人们获得食物的主要生产劳动，由开始用石头来击打野兽到使用弓箭狩猎，表明人类的劳动技能显著提高。特别是使用弓箭后，这种飞得快、射得远的箭，使人类征服自然的能力及生存能力大大增强。这些都是为了满足生产与生活实践的需要而发展的身体活动,是我国民俗体育文化产生的开始阶段的主要内容。还有一些活动,不属于生产活动,但又高于一般的生活技能的运用,如舞蹈、娱乐等。

民俗体育文化是人类有意识的社会活动之一,其产生的基本前提是生产工具的改进、思维的发展、语言的产生等,而这一切先决条件源于劳动。从这个意义来讲,劳动创造了人、创造了人类社会,自然也是我国民俗体育文化的起源。

### (二)部落战争起源说

父系氏族公社后期,一些氏族首领和显贵为了扩充自己的财产和奴隶,经常发动掠夺式战争。一些近亲的氏族部落之间结成联盟,叫作部落联盟。当时曾先后出现了黄帝和炎帝组成的部落联盟、少昊和太昊组成的部落联盟,还有蚩尤部落等。他们之间时斗时和,争战时有发生。为了战争的胜利,各部落都采取了各种手段训练士兵以提高其身体素质和使用兵器的技能,这促使武器研制和战斗技能得到迅速发展。从某种意义上来说,部落战争是推动体育文化发展的动力,通过训练人们掌握武器和战斗技能,从而提高军事水平和身体素质,推动民俗体育文化的产生和发展。

### (三)娱乐起源说

人是兼有自然属性和社会属性的动物,除受社会因素的制约外,也受生理规律的支配,饥思食、困思寝就是一种本能的活动。原始人类狩猎满载而归时,内心十分高兴,自然会做出手舞足蹈的身体活动,而这些身体活动大多是模仿飞禽走兽的动作和狩猎的搏击动作,所以称为模拟舞。部落生活是集体生活,人们共同劳动、共享欢乐,一旦有了收获,整个部落为之欢腾,并结集而舞蹈。所谓"击石拊石,百兽率舞",描述的就是伴着击打石块的节奏而模仿各种动物形态的一种舞蹈。这些身体活动给当时的人们带来了一些好处,主要是能够满足当时人们生理和心理的需要。这些身体活动的意义一旦被人们所认识,就会很自然地同本能活动区分开来,从而形成原始的体育形态。

## 二、民俗体育文化的发展

生产劳动是原始人类最主要的社会活动,民俗体育文化一开始是十分简单且原始的，它依附于生产劳动，一般表现为人类的走、跑、跳、投等基本生活技能。随着人类社会的不断发展，民俗体育文化日益丰富，它们与其他各种社会活动紧密联系，从而有了一定的质和量。

### （一）人类的基本生产与生活推动了民俗体育文化的进步

在原始社会，生产力水平低下，自然环境比较恶劣，人类面临着野兽侵袭和疾病折磨的危险，要想生存和繁衍，必须依靠采集、狩猎、捕鱼等活动。在这些长期的与大自然抗争的活动中，人类的经验不断得到丰富且被保存下来，这就是原始的教育。原始的教育是在劳动基础上形成的，其中包含的许多身体活动的教育，即为原始的体育。这种脱离体育生产劳动之后，就会派生出许多丰富多彩的体育运动项目。正是由于人类生产生活的需要促进了生产劳动的发展，才不断推动民俗体育文化的进步。

### （二）部落战争促进了民俗体育文化的发展

在原始社会，对野兽进攻是人类自卫的需要，也是人类原始社会活动的重要内容之一。与此同时，人类之间也会相互进攻，这就是战争。随着社会不断发展，部落出现，各部落间的发展水平存在差异，强大的部落为了自身的生存、发展而掠夺其他部落的人口、财产、生存空间，从而使自己更加强大；其他部落为了防范外来侵略保护族人的利益，就开展了自卫自救的行动。

部落之间进行战争的主要目的是获得胜利，为了达到此目的，人们开始研制各种武器，讨论战斗技能，并对参战人员进行身体和军事技能训练，这就催生了军事体育。军事体育可以说是一种被歪曲了的体育运动，因为这种体育运动从一开始就建立在壮大自己而置别人于死地的基础上。只有使自己强大才能生存，这种从残酷的战争实践中总结出来的理念迫使参战人员掌握战斗技能，其在基本精神上与现代体育是背道而驰的。

综上所述，战争推动了我国体育文化的迅猛发展，促进了兵器的改进和兵器操练技能及武艺的提高，带动了以训练体能、发展体质为目的的其他形式的体育运动的丰富和发展。

# 第四节　民俗体育文化的功能

## 一、民俗体育文化的社会化功能

### （一）民俗体育文化的社会功能

#### 1.民俗体育文化可以培养民族精神，增强凝聚力

认同感是使人们聚合在一个群体中的情感，是一种使其成员对某些人比另一些人感到更亲近的情感。认同感是在伦理观念、价值观念相同的同一文化背景下形成的。在民族发展过程中，时代与社会的变迁以及民族之间的融合使民族产生时所具有的共同地域及血缘关系、文化等发生变化，人们对一个民族存在和发展的态度就构成了民族的认同。而一些民间民俗体育活动就起到使人们认同本群体、本民族、促使群体内部产生亲近感的作用。例如舞龙、舞狮、踩高跷、赛马、拔河、斗牛、摔跤等活动多是集体参与的行动，这有利于培养集体荣誉感。通过参加这些集体性的民俗体育运动，人们的团结、协作精神得到培养，群体意识得到加强，民族认同感和凝聚力得到增强。

我国体育文化历史悠久，早在 3000 多年前就有了记载，其经过漫长的发展形成了中华民族自然质朴、绵延世泽、眷恋乡土、理解情感、尚人伦、重道德、崇礼教的民族品格和精神。作为我国体育重要组成部分的民俗体育，是一种文化载体，在民族间的相互联系和交流中起着桥梁与纽带的作用。近年来，我国大力发展民俗体育，加强民族间体育文化交流，既振奋了民族精神、促进了民族团结，又大大地推动了民族事业的发展和繁荣。民俗体育文化的发展增强了我国人民的民族认同感和凝聚力。

#### 2.民俗体育文化能够展示民族性情内涵

民俗体育文化具有非常丰富的内涵，它是各民族对其社会生活的理解，是对某民族心理情绪的再现，也是对人体运动方式的审美心理昭示。民俗体育作为一种体育运动，有制约性的规则，在规则下，人们展现了完整的人体之美，

也展示了民族的性情内涵。

（1）民俗体育运动可以展示人们的勇猛

许多民俗体育运动都要求参与者勇过于巧，并在勇中突出巧的本领。在云南少数民族中，具有普遍性的行为要求就是勇猛顽强。在熟练的技艺中体现出勇猛顽强的精神，才能显示出民族固有的素质，这是各民族的一般认识。独龙族、怒族在溜索比赛中，首先要求参赛者能够安全无误地渡过飞架于悬崖间的溜索，其次看谁能在溜渡中表现出精巧的方法；独龙族节庆时表演的标枪，不是以掷标后丈量距离远近决胜负的娱乐活动，而是用掷标飞矛将性情凶猛的牦牛击倒的实战性操作；哈尼族的打石头架，取胜要靠自身的胆量与勇气，攻守双方队员要获得成功，首先要依靠队员英勇迅猛的素质，并在机智的组织下才能取胜。这些运动都体现了对参与者的勇猛的要求。

（2）民俗体育可以展示人们的机智

在民俗体育运动中，要想取得胜利，参与者除了要有过人的胆略和勇猛精神，还要有足够的机智。民俗体育中的各种机智精巧的竞技方式，是对少数民族独特的审美心理特征的反映。人们在摔跤中，总结了拔腰力、下蹲、使绊脚、猛摔、斜抢、近身、搂肩等智勇双全的实战技术；踩高跷项目深受各民族的喜爱，但踩高跷中要想时间长、花样多、速度快，必须以运用机智掌握平衡技巧为基础，体现了民俗体育展示人们机智的功能。

（3）民俗体育可以展示人们的情感

民俗体育项目是人们展示力量与智慧的方式，同时，从竞技角力活动中获得欢乐也是人们的目的之一。也就是说，人们希望通过民俗体育来表达自己的情感，所以，民俗体育具有可以展示人们情感的功能。例如，滑草运动是纳西族、彝族、白族、傈僳族、怒族、独龙族等民族的青少年普遍喜爱的一种寻求美感的激烈活动。这种运动指的是人们在一处较陡而平滑的草地上，以松树枝或一块木板为工具，一个人或数个人躺在松枝上，利用惯性由上而下滑去。这种运动不比速度，也不比技巧，只凭瞬间的快速滑动，产生一种轻如飞燕的流动感觉。纳西族民间的赛马亦是赛情不赛速的。他们的赛马有小走、拔旗、抢物表演、骑射、竞速等项目。这些比赛项目中，骑手展现优美身姿和各种熟练的技巧以供观众欣赏，赛者与观者都可从中得到欢乐。哈尼族的秋千比赛是一种纯粹的悦情活动，身心的情与乐是人们参与秋千比赛的目的，每个荡秋千者能在秋千快速的来回荡跃中展现出优美的身姿。象形拳是傣族的一种体育运动，在象形拳比赛中，傣族人们以模仿各种动物的形态和倾入各种动作的情感让人获得乐趣。这种特殊的体育行为是建立在傣族人清丽、幽默、浓情蜜意的美学情趣基础上的。若不了解傣族文化的特点和傣族人真实的民族情性，就不能从更深层次上理解象形拳的内在含义。人们参与民俗体育运动，很大程度上是为了体验运动的快乐、表达自己愉悦的情感，这是民俗体育运动区别于其他体育运动的一大特征。

3. 民俗体育文化的社会建构功能

（1）行动合作化功能

民俗体育起源于人们的日常生产生活，又与人们的日常生活方式相交融，同时，民俗体育具有丰富的文化内涵，切入了社群的活动交流与情感交流中。因此，民俗体育活动的开展，有利于形成社会网络结构、消解潜在冲突以及构建稳定社区。从本质上来看，民俗体育是一种休闲娱乐和竞技活动，它的基础是遵循各族群风俗、习惯，强调的是其教育作用和社会整合作用。在传统节日活动中，人们开展民间体育活动，并对特有的文化产生认同感，从而形成密切的族群关系，加强族群团结和凝聚力。不同民族、不同语言、不同文化的人，通过特定的活动或特定的竞赛凝聚在一起。

民俗体育具有促进沟通的作用。譬如，舞狮在各地域之间的师徒相传，使得在族群分割的社会中穿插了师徒情感，获得了彼此沟通的网络。而在对内的交流活动中，民俗体育活动中所形成的友谊成为网络关系的情感基础。习俗是需要通过多种活动来传承并浸入人们心灵的。扎根于日常生活的民俗体育，通过具体的活动沟通社会的各个层面而达到行动的合作。例如湖南临湘市五里乡的闹花灯，花样繁多，有举灯、舞狮等，参加者根据自身优势进行分工。活动以这种地缘条件为背景，由于传统、习俗的力量，加之某些物质、经济力量的联结等，使它具有一种共同的理解性和内在凝聚力。这也是民俗体育活动对社会发挥建设性作用的关键所在。

（2）社群凝聚功能

民俗体育活动传承久远，具有强化社群的归属意识功能。例如传统龙舟比赛时，岸边男女老少随着龙船的输赢也涌现出强烈的浪潮，鼓劲的、助威的、呐喊的人比船上的人更激情澎湃。赛龙舟便具有一种强大的向心力与凝聚性，增强了当地人社群的凝聚力和相互协作精神。又如村落的舞龙活动，其中任意一名参与者，都在情感上展现着族群认同。

民俗体育是体育的一部分，但它与现代体育有所区别，这种区别除了健身娱乐功能外，还在于其有内在于民众的社会文化价值。因此，应加强对民俗体育的社会沟通、文化保存、人格教化等功能的关注与挖掘，使民俗体育的多元化功能互促发展，统合为整体优势，并真正地融入人们的日常生活。通过民俗体育活动的开展，促进人们形成健全的人格；利用民俗体育活动把民众联结成一个整体，提高民众的凝聚力和社群的整合能力，从而发挥民俗体育的社会维系功能；在操作和欣赏民俗体育的过程中，使民众体悟与传承民俗文化的厚重传统，为创建和谐社会提供丰富的文化源泉。

## （二）民俗体育文化的经济功能

民俗体育文化具有巨大的经济价值，大力发展民俗体育文化，可以促进社会经济发展，提高经济实用价值。民俗体育的活动内容大多与生产、生活方式密切相关，并以经济活动方式为基础。民俗体育资源丰富，呈现出地域性、主体化、广泛性分布的特点，利用民俗体育资源发展本地域特色经济，对推进民族地区经济的发展有特殊的作用。例如，四川理塘对民俗体育的开发，体现了民俗体育文化的经济功能。四川理塘的八一国际赛马节堪称藏区之最，赛马节气势恢宏，比赛项目众多，场面惊险刺激，当然以马术比赛最为精彩。耐力赛、小走赛、马术赛等是马术比赛的几大内容。比赛时，骑手们一会儿马肚藏身，一会儿马背倒立，一会儿飞骑射击，一会儿俯身拾哈达，个个惊险刺激，充分展示了马背上民族的强悍豪放的性格。在马会上，除了进行马术比赛外，还举行绚丽多彩、雍容华贵的理塘服饰及大型歌舞表演以及藏戏、弦子、锅庄、山歌等表演，而背水、打酥油茶、翻腾比赛等更是独具民族特色。理塘政府利用这种民俗体育资源，组织举办盛大旅游节庆活动，极大地提高了理塘的知名度，对理塘良好的旅游环境也起到了宣传作用，促进了理塘的经济发展。

民俗体育文化具有巨大的经济功能，体现在开展民俗体育可以加速体育产业的发展。例如，建立民族体育竞赛表演市场、健身娱乐市场、民族体育用品市场等，组织精彩的民俗体育比赛活动，通过广告宣传和电视转播，获得一定的经济效益；拓展人们文化教育体育消费和健身娱乐消费的空间，丰富民族传统文化，满足人们日益增长的健康消费需求；建立生产与民族体育服饰、活动器材等相关的经济实体，促进民族体育用品的制造与销售。另外，还可以把具有区域民族特色的民族体育与旅游有机结合，作为体育旅游资源来开发，拉动区域性整体经济的发展，使经济效益和社会效益得到更好地体现。因此，人们对于民俗体育文化一定要认真对待、科学开发，充分发挥民俗体育文化对经济发展的推动作用。

## （三）民俗体育文化的文化功能

### 1. 民俗体育文化的文化传承功能

民族在不断的发展过程中形成了自身的文化，这种文化必定渗透到各民族的民俗体育中，从而使民俗体育包含着浓郁的传统习俗与地域特色。在一代代人的民俗体育活动中，其所具有的文化内涵表现出来，并得到了传承，因此，民俗体育文化具有十分明显的文化传承功能。

各民族之间的风俗习惯、生活方式等都是不同的，这些不同就成为我们区分各民族的重要标志。民俗体育具有丰富的文化内涵，体现了各民族的文化特性，并使代与代之间、一个历史阶段与另一个历史阶段之间保持着连续性和同一性，构成了一个社群创造与再创造自己的文化密码，并且给社群生存带来秩序和意义。舞天狮活动的传承功能便是其典型代表。这种传承将原生态的文化落实于乡民的群体娱乐及情感归属中，就构成了地域文化的鲜明特点，而不间断的传承就塑造出族群文化的标志符号。民俗体育从民间产生，并被人们共同传承，在群众生活中被反复遵照，世代相习。

民俗体育的文化传承是通过教育来实现的，体育运动本身是一种很有感染力的教育手段，对整个社会的教育具有非常广泛而深刻的作用。在现实生活中，体育教育往往能够对人们的价值观、伦理道德观、审美观以及行为模式产生影响。

民俗体育与教育的关系十分密切，它可以说是教育的内容和手段。在早期教育中，民俗体育主要通过娱乐游戏、舞蹈等身体活动的方式来实现，具有启蒙的功能。随着社会的发展，民俗体育的内容逐渐丰富起来，从而扩大了教育的内容和范围。一些民俗体育已经融入学校体育教育，这就丰富和充实了教学内容、激发和调动了学生参与练习的积极性，可以培养学生坚强的意志品质和团结、合作、勇敢的精神，使学生继承和发扬中华民族谦虚、善良的传统美德。民俗体育也是培养民族认同感和民族精神的有效方式，在文化传承过程中充分体现着自身的教育价值。在少数民族中，民俗体育的教育功能体现得更为明显。人们在长期的生活中积累了丰富的经验，民俗体育文化由于其形象性而成为传承民族文化的重要手段。

民俗体育中包含各民族的思想因素和道德规范，有些还体现着各族人民良好的思想品质，如诚实、勇敢、坚毅等。通过体育技能的传授，民族体育能够潜移默化地使族人的后代感到自己民族文化的恢宏灿烂，进而为自己民族的进步继续努力，使民族文化发扬光大。

### 2. 民俗体育文化的文化建构功能

民俗体育文化不仅具有文化传承的功能，还具有文化建构的功能。民俗体育文化的文化建构功能指的是民俗体育能够构建民众生活的精神取向和地域文化特色及形成的文化特征。例如在一定区域里，传统竞技文化的构建就是舞龙、龙舟竞渡盛行的结果。

民俗体育文化的文化建构功能主要体现在以下三个方面。

第一，民俗体育活动来自民间，其内容是民俗文化的一部分。事实上，传统的中国是一个礼俗的社会，各种风俗活动是民众日常生活的骨架。一方面，民俗体育在民俗背景中进行，另一方面，体育活动能延续和构建社群的民俗特色。所以，文化的构建功能是民俗体育的一个重要功能。

第二，民俗体育活动的形式具有一定的文化构建意义。民俗体育活动内容的文化构建功能非常突出，民俗体育活动形式的文化构建功能同样非常明显。例如一些民俗体育活动的形式、社群舞龙的仪式、龙舟的祭拜等，在很大程度上有助于传统礼俗的建构和维持。在这些具体活动中，人们能够对民族文化做出有形象地理解和把握，而缺少民俗体育的形式，会使人们生活的娱乐性下降、民族文化的礼俗观念混乱。

第三，民俗体育构成的事件能够成为社群记忆，地方文化特色就是依靠这种社群记忆而形成的选择和取向。例如龙狮功夫的盛行，强化了村落的尚艺风气。在民俗体育活动构建的文化中，每个个体都能感受到社群习俗和舆论的压力，这些压力迫使人们规范自己的行为、努力与所在地的文化相融，促进了文化的构建。

民俗体育文化的建构性是通过垂直性的积淀与水平式的民俗体育文化交流，即不同时段民俗体育的相互堆积、不同地域民俗体育文化之间相互渗透，促成各种民俗体育文化的交汇融合，进而构建出民俗体育文化新体系。这种沉淀与创新是一个连续性与跳跃性相统一的过程，它表明传统与现代是脉息相通的，因此，民俗体育的文化影响对建构社群文化具有独特的价值。

### 3. 民俗体育文化的文化丰富和交流功能

民俗体育文化是文化的一种，具有丰富文化和促进文化交流的功能。首先，民俗体育文化丰富了我国体育文化的内涵。体育文化是指一定社会中的人们通过长期的体育实践所创造物质财富和精神财富的总和。民俗体育和竞技体育、学校体育一样，都包括很多运动形式（包括相关的知识、技术与技能），这些运动形式、相关知识、技术和技能，无疑是对我国体育文化的扩大和充实。其次，中国体育文化是对当代世界产生重大影响的世界体育文化的重要组成部分。民俗体育从内容和形式上丰富了我国体育文化，在推动中华传统体育文化在国际上的交流和推广方面起到了积极的促进作用。

民俗体育文化的发展前景广阔。由于生产力的高度发展、经济水平大幅提高、人们的生活水平不断提高，人们对文化的需求不断增加，体育成为人们重要的需求。民俗体育是我国体育的重要组成部分，并且具有丰富多彩的活动内容能够满足人们个性需要且具有大众化特点，因此越来越受到人们的关注和喜爱，成为现代社会文化生活的重要内容和补充。所以，要大力开发民俗体育，促进我国民俗体育文化发展。

## 二、民俗体育文化的个体化功能

### (一) 民俗体育文化的健身功能

民俗体育文化具有健身的功能。从民俗体育的产生来看，它是在人们的生产生活中逐渐产生并发展起来的，与身体运动有重要的联系。经常进行体育运动，人们能够逐渐增强体质，各民族的健康水平也会得到提高。因此，强身健体就成为其主要功能之一，参与运动锻炼能促进有机体的生长发育，提高运动能力，改善中枢神经系统机能，调节人的心理，从而使人体对环境的适应能力有所增强。从具体的民俗体育运动来看，一些运动如木球、珍珠球、键球、秋千、抢花炮、射弩、马术、龙舟、打陀螺等都对身体素质有较高的要求，通过这些运动，参与者的身体素质以及各项机能会得到提高；还有一些项目，如拔河、打手越、跳绳、跳皮筋、爬杆、荡秋千等，它们具有广泛的参与性，广大群众经常参与这些运动，可以增强体质，达到强体健身的目的。

### (二) 民俗体育文化的健心功能

人体的健康不仅是指生理上的健康，还包括心理等方面的健康。民俗体育不仅可以强身健体，还可以修身养性，促进身心的全面发展，从而优化人们的精神生活和健康状况。民俗体育是体育的一部分，因此具有体育的健身健心功能。与其他体育相比，民俗体育还具有娱乐性。积极开展民俗体育运动，有益于参与者的心理健康。现代体育发展的趋势是倡导娱乐、健康第一，通过愉快而健康的身体活动来提高人们的生活质量。而民俗体育中的一些项目是人们健身与修身养性的最好方法和最具实效性的运动，可以说，民俗体育为全民健身活动的开展提供了丰富多彩的练习形式和方法，显示出无限的发展空间，它与全民健身活动的统一，是民族文化与体育文化发展的价值回归。因此，积极开展有益于身心健康的民俗体育活动可以优化人们的精神生活和健康状况，亦可提高人的生活质量，使人们讲究生命质量，同时民俗体育还是加强人际交往、陶冶情操、抵制社会上的精神污染、防止和矫正不良行为的重要手段。

### (三) 民俗体育文化的塑造性情风格功能

各民族生活在不同的地域，受不同的自然和社会环境的影响，因而形成了自己的民族文化和民族性格。民族体育文化的形成和发展不可避免地受到各民族性格的影响，因此带有不同的民族特征。通过民俗体育活动的进行，可以体验不同的民族特征，同时有助于本民族性情风格的塑造，因此，民俗体育文化具有塑造性情风格的功能。我国的传统文化对民俗体育的形成有重要影响，这在前文中已有所提及。我国的文化心态是以中和融通为特征的，这促进了中国民俗体育向内发展，并将身心自我完善作为追求的目标，从而形成形体自娱的体育文化形态。强调人与人、人与自然、人与社会的和谐统一是我国文化的核心，也是民俗体育文化精神的核心，对塑造中国社会不同地区人们的社会心理有重要作用。

### （四）民俗体育文化的培育生活技能功能

各民族的民俗体育与当地人们的生产生活劳动是密不可分的，许多民俗体育活动蕴含着生产生活劳动的内容。通过举行民俗体育活动，参与者可以掌握生产生活技能，因此可以说，民俗体育文化具有培育生活技能的功能。例如骑竹马、老鹰抓小鸡、滚铁环、抽陀螺等游戏，需要参与者自做及自创其中的玩具，通过这种游戏的锻炼，参与者既愉悦了身心，同时获得了一些生产生活技能。民俗体育成为人们融入民族的手段，也是他们社会化的重要途径。通过参与民俗体育活动，人们的精神世界的物质内涵、思想观念和行为准则会得到改造，其主观世界也得以改造。

### （五）民俗体育文化的愉悦生活功能

社会生活中，人们可以通过民俗体育抒发各种情感，愉悦生活。在民俗体育活动中，参与者交流彼此之间的技艺和思想，满足心理上的各种欲望，丰富自己的文化生活。在民俗体育运动中，各民族能够尽情地展现自己的体型美和超群的技艺，或是调节心理情感，感受人类生活的美好。

滇南地区哈尼族的民俗体育便体现了这种功能。由于其居住地区自然环境艰险，生产方式以及其他外在因素导致人们在生产中很难获得收成。因此在收获之时，人们内心的激动喜悦之情是难以想象的，这时民俗体育活动便成为哈尼族人们表达内心情感的手段。

体育民俗具有抒发人们欢悦激情的功能，它与各民族传统的音乐、舞蹈以及美术绘画紧密地融合在一起。在举行民俗体育运动时往往伴有音乐、舞蹈和精美用具的制作。同样，凡是以娱乐为目的的活动，就常伴有体育的表演。例如，景颇族凡在节庆都要举办"目瑙纵歌"的活动。"目瑙"是"大家欢跳"的意思。在这一节日中，人们身着盛装、敲锣打鼓、起舞欢歌，男人们还尽情地表演刀棍武术，它把体育、舞蹈、音乐融合在一起。生活在洱源的白族人在每年农历八月十五日都要举行鱼潭会，唱戏、赛龙舟、对歌、跑马等文体活动是会期的主要内容。布朗族有过桑刊节的习俗，在节日期间，布朗族在开展体育活动的同时，还伴有丰富多彩的歌舞娱乐。可见，各民族的节日活动都是体育和歌、舞活动的有机结合。

　　民俗体育活动能够使人们抒发各种情感，还能够增加欢愉的气氛，愉悦人们的心理。体育活动是拉祜族过"扩塔"节（过年）时欢乐的重要内容。在过"扩塔"节时，拉祜族会开展打陀螺、打猎等活动，这些丰富多彩的体育活动成为人们制造娱乐气氛的主要方式。对于一些居住在偏僻地区的少数民族，民俗体育的愉悦生活功能表现得更为明显，欢悦的体育活动成为他们满足生存、享受生活和发展生产的基本需要。各民族的传统体育活动能够适应各民族人民身心需要的心理趋向，并逐渐成为他们在封闭的自然与社会环境中的主要娱乐方式，人们通过体育活动抒发情感，使自己的内心更加丰富和充实。

# 第三章　民俗体育项目

## 第一节　舞龙

　　舞龙运动千百年来在华夏大地上传承，更多反映的是民族精神的传承。舞龙运动作为一项重要的民俗体育活动，已超出了体育的范畴，成为华夏民族一种内在的、文化的，由一代代人延续下来的，相互联系、相互支撑的精神力量。

　　在荧屏上或是在现实生活中，我们时常能看到各种形式的舞龙表演。在条幅飞扬、锣鼓喧闹的热烈氛围中，一条被装扮得绚丽多彩的巨龙在人们眼前腾跃而起，翻滚飞舞，气势磅礴，甚是雄浑豪壮，引得人们爆发出阵阵掌声与喝彩声。龙，是典型的传承华夏文化的载体；舞龙，是华夏民族共同的助兴运动项目。舞龙又称"龙舞""玩龙灯""龙灯会""耍龙""闹龙"等，它超越了社会形态、文化传统、图腾崇拜而成为一种集娱乐、节庆、健身与竞技等多种功能于一体的文化体育活动，开始走上规范化、科学化、竞技化、国际化的发展道路。舞龙运动因其气势磅礴、雄浑豪壮、寓意吉祥的特点受到华夏儿女的喜爱，它经过几千年的发展，在我国民间已成为遍及大江南北、人人知晓的民俗活动项目。龙文化因其强大的民族凝聚力、文化传统性，使得各族人民及海外侨胞对其产生了强烈的心理认同感，促进舞龙活动不断获得创新发展。如今，舞龙是各种节日、喜庆活动中雅俗共赏的必演项目。

　　舞龙运动经过几千年的传承、创新和发展，已成为内容丰富、形式多样、表演技巧高超并带有浓郁民族色彩的体育竞技运动项目。舞龙运动在民间的传承与演变表现出强烈的时代感与实践性，表达了劳动人民的心理诉求与价值取向，诠释着人们对欢乐、幸福生活的庆祝与期盼，寄托着人们对美好生活、和平盛世的追求与向往。

　　舞龙作为龙文化的外在表现形式，是我国民俗体育项目中最宝贵的部分之一，遍布华夏各地。我国不同民族和不同地区的人们赋予了舞龙活动不同的民俗特征，并将之与当地的民风民俗相结合。流传于民间的舞龙运动形式数不胜数，方法各不相同。人们根据龙体外形的连续性、龙体的制作材料等不同标准对龙进行分类，不同形式的龙，其表演形式也各不相同。

## 一、依据龙体外形的连续性进行分类

按此方法，舞龙活动中的龙可分为三种：断头龙、段龙和全龙。

### （一）断头龙

断头龙即龙头与龙身分离的龙。断头龙是民间舞蹈中的男子群舞，流传于水亭畲族乡，具有典型的地域节庆文化特色，是较有代表性的断头龙表演形式。断头龙的整条龙由龙珠、龙头及七节龙身组成，每两节龙身之间相隔 2.3 米，以龙肚布相连，龙长 16.7 米；共 9 人参与表演，龙头一人，龙珠一人，龙身七节，每节各一人。表演时，当龙珠和龙头打头、龙身跟着一起表演时，整条龙好像自然连接在一起，龙身随龙头和龙珠走出各种队形；当龙头和龙珠单独表演、龙身构成阵图做陪衬时，头身又自然分开，龙头和龙珠的表演不受修长庞大的身躯的限制，在道具运用上更为灵活，在动作设计上具有独创性，营造出一种"形断而神不断"的美感。龙头和龙珠均可单独表演高难度动作，龙身每换一个阵图，龙头和龙珠就舞出一个套路，显得灵活自如、变化多端。龙头、龙珠、龙身中可点燃红蜡烛，夜间起舞时千姿百态、色彩斑斓，现场气氛热烈，场面很是壮观，令人目不暇接。

### （二）段龙

段龙因龙身分段、不连接而得名，每一段龙身都由竹篾作骨架，外糊布料或彩纸，加以彩绘而制成。演出现场，演员们身着喜庆服饰，手执龙具，龙身节节相离，形断而神连，运作套路变化丰富，动作优美而富有技巧，成为展示活动中的一道亮丽风景，也让现场观众感受到了传统文化的独特魅力。段龙舞表演以跑阵为主，演绎出担龙、曲线对龙、扣地龙、伏地舞龙、摇身对龙、腾龙、拜地舞龙等形态，段龙时而飞舞在云天之上，时而游弋于波涛之中。段龙舞最精彩的看点是形断而神连，套路变化丰富。多年来，段龙舞在传承和发展中不断吸收中华龙舞文化的精髓，并与现代舞蹈相结合，创造出更加丰富多彩的龙舞形式，赋予段龙舞新的内涵和生命。

### （三）全龙

全龙即龙头、龙身、龙尾接连在一起的龙。直溪巨村舞龙至今已有 600 多年的历史，因源于巨村，且龙身大而长，故又称"巨龙"。巨村舞龙的龙在初时以稻草为材料扎制而成，清末时逐步改为以竹篾扎制，骨架外裹以龙鳞状的布皮和灯饰，龙身逐步加长，甚至达到 200 多米，需 100 多人协同表演。巨村舞龙整场表演由"游龙""串八卦阵翻小花""翻花""舞三步""跪舞""坐舞""过仙桥""罗汉盘龙""长龙翻身"等 18 道程序组成，舞者要通过跳、钻、游、叠、戏、盘等基本套路和串阵、翻花等过渡动作表现蛟龙腾渊的威武身影和风采。舞者动作矫健、技艺娴熟，舞姿变化多端。所有的舞蹈动作都在龙的游动中进行，显示出"形变龙不停，龙走套路生""人紧龙也圆，龙飞人亦舞"的艺术效果。总体而言，巨村舞龙造型生动，转换巧妙，动作间的衔接和递进十分紧凑，龙身虽然很长，但动作灵活，整体表演都在铿锵有力的锣鼓声中进行，各个套路之间紧密相连、环环相扣，表演雄浑强悍，气势磅礴。

## 二、依据龙体的制作材料进行分类

根据龙体制作材料的不同，舞龙活动中的龙可分为布龙、人龙、草龙、板凳龙、百叶龙、纸龙、绣球龙等。

### （一）布龙

布龙因以竹篾做龙骨架，以布料做龙面、龙肚而得名。龙身既有龙面布，也有龙肚布，外观古朴唯美。布龙龙身的节数不等，有九节、十二节、十八节、二十四节、二十七节等。节与节之间用绳索连接，间距为 30 多厘米，每节下以一木棍支撑，一人持一节。九节龙节数适中，舞动起来显得灵活矫健，不择场地，随处可舞；十二节以上的布龙制作得粗大结实，各节可以点燃红烛，夜间起舞时，五彩斑斓，犹如真龙凌空飞舞，但形体庞大，演出场所受限。

布龙现今在我国分布较广，福建、江苏、安徽、江西、浙江、广东、河南、湖北、四川、辽宁、山西等许多地区都有舞布龙的习俗。布龙的主要代表有奉化布龙、金州龙舞等，其中尤以奉化布龙最为有名。在奉化，布龙色彩分青、黄、青黄三种。

下面笔者以奉化布龙为例，谈谈布龙表演的构成、舞姿与艺术特征。布龙表演在构成上主要包括形、舞、曲三部分。在"形"的方面，制作布龙者以彩色布为主要原料，以竹、木等为辅助材料，制成逼真、威武、雄壮的布龙；在"舞"的方面，舞龙队队员运用滚、翻、伸、跳等全身动作，舞出龙腾云驾雾、翻江倒海、静如处子、动如脱兔的动态，展示龙灵活、气吞山河、搏击长空的雄姿；在"曲"的方面，舞龙队队员运用或缓慢、或激越、或如夜雨定叶、或如微风摇曳的舞蹈语言，以起承转合的篇章描绘出龙由静到动，从开幕、高潮、尾声到结局的全过程。奉化布龙的舞姿变化多端，整个舞蹈有盘、滚、游、翻、跳、戏等40多个套路和小游龙、大游龙、龙钻尾三个过渡动作。具体的舞蹈动作有盘龙、龙抓身、挨背龙、龙搁脚、左右跳、套头龙、龙脱壳、龙翻身、双节龙、背摇船、圆跳龙、满天龙、游龙跳、靠足快龙、弓背龙、龙戏尾、龙出首、快游龙、直伸龙、快跳龙、滚沙龙、大游龙、小游龙和龙钻尾等。舞者速度快，调动的幅度相当大。他们技艺娴熟，动作干净利落、灵活敏捷，所有的舞蹈动作都在龙的游动中进行，舞动时做到"人紧龙也圆，龙飞人亦舞""形变龙不停，龙走套路生"、舞得"狂"，舞得"活"、龙身"圆"、形态"神"。因此，舞得活、舞得圆、神态真、套路多、速度快就成为奉化布龙的主要艺术特征。总的来看，奉化布龙以动作套路多、变化快而闻名天下，有"华夏第一龙"的美誉。

## （二）人龙

人龙，即龙由人组成，分为龙头、龙身和龙尾，由大人和孩童结合而成，规模可大可小，节数多少不等。龙头是人龙的精髓，往往由一个壮汉身负两个或三个孩童组成。若是一个壮汉身负两个孩童，则两孩童形似龙的上、下颌；若是一个壮汉身负三个孩童，则三个孩童分别代表龙角、龙眼、龙舌。龙身是龙的主体部分，由人相继倒卧分节连接而成，即龙头之后为龙柱，龙头与龙柱、龙柱与龙柱之间仰躺一个孩童作为龙肚，龙肚头搭于后节龙柱的肩上，双脚则搭于前节龙柱的肩上，龙柱双手握住前节龙肚的肩和后节龙肚的双脚，最后一节龙柱肩上的龙肚也称"龙尾"。表演者穿上黄色或青色服装，龙就变成黄龙或青龙。人龙中的湛江人龙舞（国家级）、佛山市人龙舞（国家级）、佛山杏坛人龙舞（省级）是非遗项目。湛江人龙舞盛行于广东省湛江市东海岛东山镇，融入了古海岛群众"娱龙""敬龙""祭海""尊祖""奉神"等多种风俗，形成了自创一体、独具一格的龙舞表演形式和人龙精神。湛江人龙舞有起龙、龙点头、龙穿云、龙卷浪等独具特色的表演程式，表演者练就了快速托人上肩的稳健动作和步法，队形流畅多变。舞龙时，表演者按照锣鼓的节奏舞动，龙双眼闪闪发光、昂首前进，龙身左右翻滚、动感十足，龙尾上下摇摆、轻便灵活。整条长龙腾舞戏珠、左盘右旋、摇头摆尾，粗犷而又威武逼真，显现出独特的海岛色彩和浓厚的乡土气息，被誉为"东方一绝"，至今仍是东海岛乃至雷州半岛经久不衰的民间风俗和大型广场娱乐活动的重要组成部分。其他地区的人龙也显示出悠久的民俗传统性，如湖南永州一带的民俗体育项目"瑶族人龙"。瑶族人龙既是瑶族独特的民族文化，也是瑶族宝贵的舞龙历史遗俗。历史上，瑶族是一个不断迁徙的民族，他们在长期的游耕生产时期，遇到节庆节日、庆祝活动、祭礼活动，都要隆重地舞人龙以示庆祝，龙在鼓、喇叭、唢呐、锣等乐器铿锵有力的伴奏下，时而快速穿梭，时而盘旋迂回，时而走圆形，时而走"之"字形，时而曲线行进，似游龙狂舞，又似乌龙绕柱，将游龙的神态表现得淋漓尽致、栩栩如生。时至今日，舞人龙在瑶族相袭成俗、经久不衰，不仅成为瑶族人民实现神圣认同的重要载体，更成为瑶族人民的一种信仰。

### （三）草龙

草龙又名"草把龙""稻草龙""香火龙"，是民间，龙舞形式之一，流行于全国各地。因龙形道具用稻草、柳枝、黄荆或青藤等扎制，故称草龙。以稻草扎龙，寄托了人们祈求五谷丰登的愿望。舞草龙呈现了以农耕生活为主、以农业为主体的我国民间稻作文化及龙崇拜思想意识传承的一贯性。完整的草龙一般由龙头、龙身、龙尾组成，编织者先编一条长长的草帘，一头反折一层做两个弯角翘起，形似"龙头"，也可用青藤或柳枝等材料扎成龙头；中间每隔几米扎一小捆椭圆形禾草，用竹竿连接、绳子固定做"龙身"；草帘编到最后分三个叉略往上翘起，表示"龙尾"；再单独编扎一圆形草团作为"龙宝"（龙珠），整条原生态草龙就编扎成功了。随着审美观念的提高，人们又给草龙进行了一些装饰，例如挂上彩纸使其更美观、更逼真。有的地方的草龙很特别，虽然也以草为材质，但只有龙头，没有龙身和龙尾，表示"神龙现首不显身"。

草龙舞表演者的服装具有极其独特的原生态艺术魅力，具体分为三类：表演原生态草龙舞时，表演者头戴稻草编织成的精致草帽，身穿用稻草编织的衣、裙，脚绑草鞋；喜庆丰收时表演草龙舞，表演者则穿苗族服装；登门送财或儿时游戏表演草龙舞时着装不限。苗族草龙舞的原生态音乐主要以打击乐为主，大鼓一个，大锣、小锣各一面，大钹、小钹各一套，进行大型表演时则需多套打击乐班。

### （四）板凳龙

板凳龙是用一条一条的板凳串联而成的龙灯，在我国流传、分布较广，全国各地都有，其中白族、土家族、蒙古族等少数民族地区开展较多。

板凳龙由龙头、龙身和龙尾三部分组成。龙头由竹篾扎制而成，外面裱纸，再绘上色彩鲜艳的龙鳞；龙身的制作方法大致相同，由板凳、灯笼、红蜡烛制作而成，每条板凳上都扎着花灯（替代龙体），花灯上画有人们喜欢的花、草、树、鸟等图案。板凳龙有多种舞法，以独凳龙、多凳龙舞法为主。独凳龙，即将一条家用普通花条板凳装饰成彩龙，由 1 ~ 3 人踏着鼓点，有节奏地舞出各种花样。一人玩时，两手分别执前后腿；两人玩时，一人执前两腿，另一人执后两腿；三人玩时，前两人各执一腿，后一人双手执两腿。多凳龙，由九人或九人以上舞，每人各举一凳，两人举宝珠逗引龙行进，表演者一边舞动手中的板凳龙，一边不断变换队形和姿势，以表现出龙戏水、龙摆阵、龙蹿珠、龙抱宝、龙配凤、闹龙宫、跳龙门、龙归巢等不同场面。晚上出灯时，便在龙身里面点上蜡烛，形成一条长长的灯。

### （五）百叶龙

百叶龙由"百叶"构成，此百叶是粉红色的荷花花瓣。一盏盏纸扎的花篮灯、花瓶灯走"四角阵"后，绵延相接串舞成龙形，就成了百叶龙。对花龙灯做了突破性改进，着重在"变"字上下功夫，使每一种花灯都具有两种形象，如将聚宝盆翻过来变成龙头，将荷花灯相连变成龙身，将蝙蝠灯翻过来变成龙尾，将寿桃灯翻过来变成龙珠，将十二只花瓶（每只由两半合成）翻开变成云片，使原本一览无余、自然衔接的花龙灯变成进门是花灯、出门是龙灯的形式，并改名为"化龙灯"。

现今的百叶龙由百叶构成龙头、龙身、龙尾，是我国南方具有代表性的舞龙运动之一。制作者在制作龙头时，先用金属丝或竹片做出龙头骨架，再用桃花纸糊面，纸糊彩绘后，再用荷花做出龙颈，接着用线制成龙须。龙身是主体部分，由81朵荷花分9段连接组成，每段有9朵荷花，每朵荷花由用63片布制成的花瓣叠成。荷花花瓣代表龙鳞，龙鳞共900多片，龙身共长16米。龙尾的巧妙之处在于制作者制作的是可以张合的蝴蝶状骨架，纸糊彩绘后固定在木杆的一端，双翅张开时为蝴蝶状，双翅合拢时即为龙尾。

百叶龙的龙舞以龙与莲的结合为独有特色，是百叶龙的典型代表。一般的舞龙运动由表演队伍直接手持龙形道具开始表演，而百叶龙的舞龙表演分两部分进行：舞蹈表演、百叶龙龙舞表演。开始时，演员手持荷花、莲叶、寿桃等道具分开站立，边唱边舞，表现蝴蝶飞舞于荷叶、荷花丛中，展现出荷花随风荡漾、飘逸摇曳的风貌；荷花朵朵盛开，彩蝶在其间翩翩飞舞，勾画出清新秀丽的江南水乡美景。在荷花的忽聚忽散中，舞者迅速集于一处，将各自手中的道具进行变形、组合，翻转成龙头与龙尾，其他人以荷花道具相配合形成龙身。由姹紫嫣红的荷花、荷叶幻化成的花龙腾空而起，舞龙阶段的表演这时才开始。蛟龙横空出世，鲜艳夺目，翻滚在蓝天白云间，飞舞于碧荷之中；荷叶变成祥云，造型轻巧精致，外形秀丽，构图唯美。可变形、组合的舞蹈道具和分阶段的舞龙表演是百叶龙最突出的文化特色。现今的百叶龙表演，荷花在瞬间突然变成龙是其最显著的特点，"静则荷塘月色，流光溢彩；动则蛟龙腾空，气势磅礴"，它将中国传统的舞龙转化成龙舞，通过"湖水荡漾""荷叶摆动""荷花盛开""彩蝶扑飞""荷花变龙""蛟龙嬉戏""龙变荷花"等动作和情节，展现出江南水乡的绝美意境，堪称"江南一绝"。

## （六）纸龙

纸龙也是我国古老的舞龙品种之一。纸龙以竹篾制成骨架，用宣纸（后用牛油纸）做龙头、龙身、龙尾，因此被称为"纸龙"。其中，龙头由口含龙珠的嘴部、前额、后脑、角、手柄等部分组成，制作难度最大。龙身和龙尾所蒙裱的纸上绘有龙的鳞片，鳞片上贴有金色和银色纸。舞龙正式开始前，先要经过村中德高望重的老者点睛，之后龙头摆动、龙目闪闪发光、龙鳞熠熠生辉。

纸龙舞表演一般在节庆、庙会、集会时进行。纸龙虽然龙身轻盈，但舞起来并不轻松。纸龙里面是空的，动起来会兜住风，比较重，要求表演者配合协调、舞技精湛。也有在晚间表演舞纸龙的，人们在纸龙腹内的骨架上点燃蜡烛，舞动过程中蜡烛不倒，龙体色彩斑斓，造型各异，甚是美观。

### （七）绣球龙

绣球龙由龙头、龙体、龙尾三部分组成，共十二节（闰年时为十三节），每节代表一个月，每节由两个绣球样的圆球组成，故名"绣球龙"。绣球龙的表演一般是红绿二龙舞动，两条龙共二十四节，代表二十四个节气。随着时代的发展，绣球龙的制作材料、工艺也在不断改进，早先由藤皮编成的单层圈架现已演变成用竹皮、钢丝制成的双层圈架；圈架的外面早先是用纸糊，然后涂上红、黑、黄、蓝等色，现在改用红绿绸布制作；早先内置的蜡烛现改为照明灯泡。绣球龙的表演形式分踩街和摆场两种，踩街即边行进边舞蹈，摆场即在街头、院落、空场表演，组字摆图。其中，摆场是绣球龙灯舞的主要表演形式，表演时各节随龙头舞动，表演内容有二龙出水、二龙逗宝珠、二龙戏水、龙马献图、跃龙门、月亮门、龙门阵、大过桥、抄连环、金龙盘玉柱、摆字、吐字等二十多种，表演套路多根据上古传说演绎而成，既有巨龙腾飞之势，又突出龙灯的特色，极具观赏性。绣球龙灯表演摆字时，在打击乐的伴奏中，表演者采用站在桌凳上、双腿直立、蹲在地上等形式，由引舞的舞球人指挥完成，通过形象逼真的摆字表演，明示表演的寓意与内涵，寓教于乐，凝心聚力。

### （八）鸡毛龙

鸡毛龙是一种很有特点的民间艺术，因制成的龙通体以鸡毛装饰而得名，又被称为"凤羽龙舞"。江苏无锡惠山区鸡毛龙的制作方法是将清洗晒干后的鸡毛8根一扎、18扎一排，横竖交错，千针万线缝在龙身上。而湖南常宁石盘萧家的鸡毛龙都是当地人手工自行制作的，由龙头、龙筒、龙杆（龙把）、龙圈、鸡毛龙鳞片、龙背、龙肚皮、龙尾组成。当地人会将色彩鲜艳亮丽的鸡毛插入杆筒内，一条龙身的鸡毛龙鳞片不少于2000片，构成"龙的骨架、鸡的羽毛、鱼的鳞片"。凤羽龙舞一般是双龙表演，称作"龙凤呈祥"。在元宵节、婚嫁等重要活动场合，在具有地方文化色彩的热闹的锣鼓声中，神采奕奕、盘旋翻滚的龙张口旋身、回首望凤，凤则展翅翘尾、举目眺龙。凤羽龙舞还时常与字灯联合进行表演，"钟鼓乐调佳，鸟声弄来音秀丽。龙凤呈舞瑞，花色飞去风景新"，随着字灯的不断变换，龙也变换出多种姿态，呈现出一派祥和、喜庆的景象。

龙是中华民族敬奉的图腾，自古以来，炎黄子孙就以浓厚的兴趣拥抱厚重的龙文化。流传于民间的舞龙运动经过人们的不断加工、创新，已发展成为我国最典型、最具代表性的民俗活动之一。今天，在党和政府的重视以及非遗政策的保护下，舞龙项目在民间得到了良好地传承和发展，具有很强的时代感与实践性，展现出龙的魂魄和龙的神韵；舞龙运动从基于狭隘血缘关系的民族文化象征，升华为多元一体的民族文化象征。

# 第二节　　龙舟竞渡

龙舟竞渡又称"赛龙舟""划龙船""龙船赛会"等，是历史悠久、民俗文化色彩浓郁、具有健身性和娱乐性的民俗体育项目，是我国龙文化的重要组成部分，现已成为一项赛制完善的竞技运动项目。

龙舟竞渡大约起源于原始社会末期，是中国民间的传统水上娱乐项目。随着历朝历代民间习俗的改变，龙舟竞渡文化历经自然性、自发性、节律性、创新性的文化模式，传播效应和影响规模越来越大。我国现已形成具有地域体育文化特色的民俗事象——"南人竞渡"。在国外，龙舟竞渡已遍及东南亚、太平洋海岛等地区，成为有70多个国家参与的国际性运动项目。中华人民共和国体育运动委员会将龙舟竞渡列为正式比赛项目，并且制订了竞赛规则，规定了比赛的组别、项目、竞赛场地、设备、器材、裁判员的资格和职责、运动员的参赛资格和条件等，还将龙舟竞渡的竞赛形式分为直道竞速、环绕赛、拉力赛，以计时评判成绩。

## 一、水嬉（戏）、龙舟、竞渡概念与关系阐释

### （一）水嬉（戏）

劳作之余的水上游戏（水嬉）是人们增添生活娱乐内容的方式，其形式很多，

有歌舞、竞渡、杂技等。民俗娱乐活动演变为民俗体育活动是普遍现象，水嬉（戏）演变为水上舟楫运动，再演变为竞渡运动，也是极有可能的。

## （二）龙舟

龙舟是船上画着龙的形状或船身做成龙的形状的船。龙舟分"游龙"和"赛龙"两种，"游龙"体积大，装饰美观，称"龙船"，重在游弋、展示服饰、旗鼓助兴；"赛龙"体积小，称"龙艇"，有三槎至十五槎不等，重在竞划速。

## （三）竞渡

水乡居民对舟楫的使用促进了竞渡活动的发展与完善。在早期社会，人们的艺术、审美、工艺制作水平较低，民间多使用简易的舟楫、宫廷多使用"龙舟"进行竞渡娱乐活动。后来随着社会的发展，民间竞渡活动逐渐成为社会民众的一种习俗并有了一定的历史积淀，竞渡活动才得以推广。

## 二、龙舟、竞渡、龙舟竞渡的区别与联系

龙舟是一种船，竞渡是一种水上运动，龙舟竞渡是一种以龙舟为工具的水上运动，三者的区别很明显。龙舟出现的时间很早，竞渡晚于龙舟，以龙舟作为竞渡专用工具的龙舟竞渡则更晚，因此，有龙舟不等于有竞渡，更不等于有龙舟竞渡。龙舟与竞渡并无必然的联系，竞渡可以用龙舟，也可以用其他舟，龙舟与竞渡的结合是竞渡运动长期发展的结果。在古代，端午节划龙舟的本意在于娱神，而不在于竞渡，竞渡是后起的风俗。那么，龙舟与竞渡结合的初始阶段又在何时？根据古文献的记载，龙舟与竞渡的真正结合时期应在初唐与中唐之间。

到了近代，人们对竞渡的认识是南方水域地区的人们在端午节期间划着船去走亲访友，在游乡途中碰到其他船只就随意比赛。这种习俗年年相袭，就形成了最初的传统意义上的竞渡。我们从以上分析可知，龙舟与竞渡是两个不同的概念，但两者均根植于我国农耕文明的文化土壤。人类生产、生活的合目的性与农时节令的合规律性的统一，使得龙舟习俗与竞渡习俗融为一体，推动了龙舟竞渡运动的发展与现代化。

# 第三节 风筝

风筝，又名"纸鸢""纸鸦""风鸢""鹞子""风鹞""纸鹞"等，是我国民间体育的一朵奇葩，是集健身、娱乐、休闲、养生于一体的运动项目；同时，也是集扎、糊、绘、放于一体的综合文化艺术。

风筝是一种玩具，是一种单纯利用空气动力的飞行器。人们在竹篾等制成的骨架上糊纸或绢，拉着系在上面的长线，乘着风势可以将其放上天空。

## 一、风筝的技艺

传统中国风筝的技艺概括起来只有四个字——扎、糊、绘、放，具体而言，就是扎架子、糊纸面、绘花彩、放风筝，简称"四艺"。实际上，这四个字的内涵非常广泛，几乎包含中国传统风筝技艺的全部内容，即"扎"包括选、劈、弯、削、接；"糊"包括选、裁、糊、边、校；"绘"包括色、底、描、染、修；"放"包括风、线、放、调、收。

风筝艺人扎制风筝讲究工整、对称、平衡、整齐、整体和谐、技艺精湛、经验丰富。在绑扎环节，艺人会选用细而结实的绑线，在骨架间取合适的角度、合理的脚线进行缠绕捆绑，绑好后在结头和连接处用胶涂抹加固，以使风筝结实、平整、光滑。风筝的图案一般包含吉祥、喜庆、祝福的意蕴，主要表达人们对美好生活愿景的向往和追求，如双凤朝阳、福寿双全、龙凤呈祥、鲤鱼跳龙门、麻姑献寿、四季平安、五福献寿、福禄寿喜、百鸟朝凤、彩凤双飞等，充分体现了人们淳朴的民风习俗。

## 二、我国风筝的发展类型

现在，普通的风筝大致分为有骨风筝、无骨风筝两种，制作材料有丝绢、纸张、塑胶等，骨杆有竹篾、木材、胶棒等。有骨风筝骨架的主要材料是竹子，制作艺人将竹子削成竹片，将有韧性的竹片制成风筝的骨架；无骨风筝的制作原理是引空气入绢造的风坑之内，使风筝成为一个轻飘飘的气枕，让风筝乘风而上。

　　风筝主要分为以下六种：软翅类风筝、硬翅类风筝、龙形类风筝、板子类风筝、立体类风筝、运动类风筝。

　　软翅类风筝，即一般常见的禽鸟风筝。它的升力片（翅）由一根主翅条构成，翅子的下布是软性的，没有主条依附，主体身架多数做成浮雕式。它的造型多数是禽鸟或昆虫。潍坊还有一种可拆装的软翅风筝，把传统的上下分开的蝴蝶翅膀改为活翅膀，固定骨架，便于折叠，放飞效果逼真，顶上翅膀的一张一弛保证了风筝的稳定性。

　　硬翅类风筝包括常见的元宝翅风筝、沙燕风筝，是我国最具特色、最典型的传统风筝之一。它的特点是升力片（翅）用上下两根横竹条做成翅的形状，两侧边缘高、中间凹，形成通风道。翅的端部向后倾，使风从两翅端部逸出，平着看呈元宝形。

　　龙形类风筝，以龙头风筝、蜈蚣风筝为主，是潍坊风筝的一大特色。

　　板子类风筝，即人们所说的"平面形风筝"。从结构和形状上看，它的升力片就是主体，无凸起结构，四边有竹条支撑。此类风筝较为常见，因其扎制容易，飞升性能好，又适合表现多种题材，是少年儿童最喜爱的一类风筝。板子类风筝在京津地区也叫"拍子风筝"，有八角菱形或者瓢虫形，一般都拖着长长的尾巴或穗子，这对起飞有益处。最简单的板子类风筝是瓦片块，方方的一片，南方叫它"二百五"，北方称其为"筝子"。

　　立体类风筝一般采用折叠结构的骨架，由一个或多个圆桶或其他形状的桶组成，有宫灯形、花瓶形、火箭形等。

　　运动类风筝，又叫"特技风筝""双线风筝""复线风筝"，一般为三角形、滑翔伞状、眼镜形，源于欧美。与传统风筝不同，运动类风筝不仅有单线的，还有双线的、四线的，即放飞者要用两条或多条拉线控制风筝。运动类风筝可在空中做一些动作，如水平移动、俯冲、绕八字、转圈等。运动类风筝需要放飞者用双手操控，风筝的左旋、右旋、升降等各种特技动作全靠手腕和手臂的技巧来完成。运动类风筝的飞行速度最高可达 150 千米／时，既可单人玩，也可做团队特技表演，放飞者会有驾驭风的感觉，能得到很好的视觉效果。

　　由于区域、风俗以及欣赏习惯等因素存在差异，我国各地的风筝各具特色。

在众多的地方特色风筝中，潍坊风筝具有浓厚的生活气息，又体现出中国传统意识形态中龙的威严与祥瑞之理念，被认为是民间风筝的代表。龙头蜈蚣风筝是潍坊风筝中最典型、最有代表性的风筝之一，取龙头为首，以蜈蚣做腰节（蜈蚣在潍坊民间传说中是龙的子孙），长达百余尺，承载着人们祈祷神龙降福人间的传统信仰。放飞龙头蜈蚣风筝时，放飞者要先将尾闻和身闻渐次放起，靠几十节"腰子"所产生的提升力将风筝首部带往高空，呈现"龙头蜈蚣"腾空驾云之气势。另外，仙鹤童子风筝、孔雀开屏风筝、凤凰展翅风筝等富有民间乡土气息；图案对称的"喜"字风筝、"寿"字风筝、八卦风筝、七星风筝等则蕴含喜庆与吉祥之意。

如今，中国风筝协会努力举办全国风筝邀请赛、全国风筝精英赛、全国风筝锦标赛等大型赛事，致力于把中国传统的民间艺术弘扬到世界各地，让世界各国的人们都感受到中国风筝的魅力。

# 第四节　凤阳花鼓

凤阳花鼓始称"打花鼓"，又称"花鼓""花鼓小锣""双条鼓"。"花鼓"中的"花"有三种释义：一是因鼓框上绘以花饰，这是较流行的说法；二是鼓槌头上扎了花绒；三是演奏凤阳花鼓的艺人为女子，古人喻女子为"花"。凤阳花鼓被赞为"东方芭蕾"，是根植于安徽凤阳民间本土、展示原始原貌的经典民俗体育项目。凤阳花鼓也是"凤阳三花"（凤阳花鼓、凤阳花鼓灯、凤阳花鼓戏）中最有名的项目，被视作民间瑰宝，已入选第一批国家级非物质文化遗产名录。

## 一、凤阳花鼓的表演形式

凤阳花鼓被誉为"中华歌舞曲艺之母"，其原生态的表演形式是姑嫂二人，一人击鼓，一人击锣，口唱小调，花鼓小锣作为伴奏乐器穿插其间，鼓锣间敲。姑嫂二人同台，在服装方面也有一定的要求：演姑者头戴大红花，扎红头绳，上身穿花布大襟褂，下身穿深色裤，腰系深红或深蓝色围裙，脚穿黑色圆口带祥布鞋和粉红色长筒棉纱袜；演嫂者头扎白色或印花手巾，上身穿蓝士林平布大襟褂，下身穿深色便裤，腰系黑色围裙，脚穿黑色圆口带袢布鞋和豆沙绛色棉纱大袜。演唱的曲目多为当时的"时调"。在凤阳人的乞讨、卖艺过程中，花鼓由最初的"腰鼓"形式演变为"身背"方式，发展成后来的"手拿"，再演变成当今的"双条鼓"。新文艺工作者对凤阳花鼓加以改革，采用了一些新的表现手法，剔除了小锣，专用小鼓伴奏演唱，花鼓小巧玲珑，鼓面直径10厘米左右，鼓条为两根长45厘米左右的细竹竿。表演者单手执鼓，另一只手执两根鼓条敲打鼓面。凤阳花鼓在流传、演变过程中不断吸收和借鉴其他艺术，其表演的内容、形式更加丰富多彩，人数由两人变为多人，打法更多变，舞步更娉婷，花势更俊俏，团体舞蹈表演这一新形式正从民间走上舞台。

## 二、凤阳花鼓的文化内涵

凤阳花鼓是皖东区域的文化符号，是凤阳民间文化、农耕文化、历史文化、地域文化、品牌文化的凝聚和升华。凤阳花鼓的产生、发展、繁荣与凤阳地域的农耕劳作、民间娱乐等因素有关，汇聚了凤阳民间生活的点点滴滴，展现出人们生产、生活的景象，具有深厚的群众基础。凤阳花鼓表现了凤阳民间多样的民俗形态，内容丰富，表现形式多样，文化底蕴深厚。因此，凤阳花鼓独特而深厚的文化内涵具有重要的研究价值。

### （一）凤阳花鼓的民间文化内涵

凤阳花鼓是社会基层的质朴的劳动人民集体创造的、自发和自娱的、立足于民众的生产、生活的通俗文化。民俗学家李家瑞认为，打花鼓俗名"三棒鼓"。明代初期，植根于世俗乡野、散发着浓郁乡土气息的凤阳花鼓就已在凤阳府临淮县（今凤阳县东部）流行开来。人们在生产劳动中用三棒鼓取乐，娱己娱人，抒发愉悦的心情。打花鼓也是民间社事中娱神的一个节目。每逢社日，民间社团组织以打讶鼓、打夜胡、打花鼓等各种庆典杂戏形式向社稷诸神崇功报德。凤阳花鼓最初被称为"花鼓灯"，是一组多种民间歌舞并用的杂戏鼓乐。

### （二）凤阳花鼓的地域文化内涵

"说凤阳，道凤阳，凤阳本是好地方……左手锣，右手鼓，手拿着锣鼓来唱歌，别的歌儿我也不会唱，单会唱个凤阳歌……"朗朗上口、具有广泛群众基础的《凤阳花鼓》已成为国内外友人了解凤阳的代表性曲目。凤阳花鼓在我国曲艺领域、音乐领域、民俗体育领域、文化领域等多个领域都具有非同凡响的影响力、知名度，其在传播过程中也对其他地方的花鼓文化产生了影响。"凤阳三花"是凤阳民间文娱的典型代表，凤阳花鼓戏是花鼓戏的一种。我国各地流传的花鼓戏如皖南花鼓戏、湖南花鼓戏、淮北花鼓戏等各具特色。在凤阳花鼓戏的传统曲目《凤阳花鼓》《流星赶月》《狮子灯》等表演过程中，完整地保留了许多脍炙人口的篇章。凤阳花鼓作为一种源于农事活动的民俗体育活动，丰富了当地人们的文化生活，是凤阳当地典型的"草根艺术"，在民众中广为流传。

### （三）凤阳花鼓的艺术文化内涵

艺术乃是人类创造的一种技能，是人类创造出的一种具体的能客观感觉到的对象，这个对象能引起人们精神上的快乐，并且有重要的艺术价值。凤阳花鼓的兴起与发展具有广泛的群众基础，其艺术文化内涵在于它将劳动人民的生活、情感以及审美进行提炼和升华，形成了一种雅俗共赏的艺术形式，这种艺术淋漓尽致地展现了人们对美的认识以及美的表现的变化。凤阳花鼓表演者在服装、道具、舞姿、形体等方面都表现出让人能主观感受到的强烈的艺术观赏性，给人以美的感觉和享受；除花鼓、服装外，凤阳花鼓表演还要借助彩扇、手绢、花伞等道具，这些道具与花鼓和服饰紧密配合，并通过丰富的肢体语言演绎出凤阳花鼓的艺术文化内涵，引起人们精神上的快乐。现代凤阳花鼓已发展出新的团体表演的舞蹈形式，花鼓的打法、舞步、花势、演唱等吸收借鉴了现代歌舞的技巧，在保持浓郁地方特色的同时，形式更加活泼多样，气氛更加热烈欢快，给人以无与伦比的美的享受和艺术感染力。通过凤阳花鼓表演，无论是观看者还是表演者，都升华了心灵、丰富了情感。凤阳独有的民间传统体育艺术——凤阳花鼓以其节奏明快、鼓调优美、富有韵律等艺术特色，展现了凤阳花鼓内在的艺术文化内涵。

### （四）凤阳花鼓的品牌文化内涵

各地陆续开展了挖掘地域特色资源、构建地域特色旅游品牌、开发地域特色旅游项目、打造地域文化品牌等一系列工作。文化因素越来越受重视，因为现代经济竞争实质上是一种文化力的竞争。区域文化作为一种潜在价值判断标准系统和行为标准系统，深刻地影响着人们的思维习惯和行为模式。传统文化是民族地区重要的旅游资源，在民族地区旅游产业发展中扮演极其重要的角色，对发展民族地区经济起着不可替代的作用。正因如此，在区域文化、传统文化等文化因素成为经济发展核心竞争要素的今天，各地打造精品文化旅游品牌的策略成为大趋势。

凤阳花鼓文化底蕴深厚，是凤阳地区特有的文化事象，也因此成为民俗文化中不可或缺的旅游品牌。凤阳花鼓浓郁的鼓韵、情韵和独特的文化艺术魅力使游客在观赏帝王之乡——凤阳旖旎的自然风光、地域古建筑的同时，还能领略凤阳的民俗风情。凤阳花鼓在凤阳经济发展大潮中，以原汁原味的文化表演形式吸引着越来越多的游客，"敲凤阳花鼓，唱经济大戏"是当地政府发展经济的重大决策。

## 三、凤阳花鼓的发展展望

在"健康中国建设"的时代诉求下，在当下以"互联网＋"为特征的改革创新时期，安徽凤阳花鼓更应秉承创新发展理念，更好地为人类服务。

### （一）保持凤阳花鼓的本原功能：健身、娱乐

凤阳花鼓的产生与民间的生产、生活联系紧密。在生产中，人们击鼓互歌、自娱自乐、共同分享劳动的喜悦，这是凤阳花鼓的本原功能。渐渐地，凤阳花鼓多被用于民间农事联欢、喜事典贺、节会庆祝等活动，表演者多为姑嫂二人。后来，二人演唱的凤阳花鼓被改编为由六到八人甚至更多人进行的表演。在花鼓表演前，表演者需要进行集体训练，以增强身体的力量，提高身体的协调性、柔韧性和耐力等素质，这使得凤阳花鼓的健身功能与娱乐功能紧密相连。在把人民健康放在优先发展战略地位的"大健康"观的指导下，凤阳花鼓承担的首要职责依然是维护人民的健康，发展其健身功能。因此，拓展凤阳花鼓的表演渠道和锻炼形式，把凤阳花鼓内容融入社区、学校、广场等地方的锻炼人群的健身生活，加大凤阳花鼓的普及力度，扩大凤阳花鼓的普及范围等举措对满足人们日益提高的生活需要、升华人们的心灵、丰富人们的情感、全面提升人们的身心素质，以及进一步丰富新农村、城镇、学校健身人员的体育文化生活都

有重要作用。

## （二）将凤阳花鼓作为地方经济发展的核心驱动力之一

凤阳县以独具特色的全国非物质文化遗产凤阳花鼓为媒,唱响了招商、旅游、传承等大戏,赢得了经济效益和社会效益的双丰收。政府部门围绕凤阳花鼓做了大量文章,在使凤阳花鼓大放异彩的同时,也制定了以花鼓文化促进地方经济发展的诸多营销策略,实现了经济的跨越式发展,使本地区的招商引资额度由落后状态跃居全省前列,凤阳地区的企业规模明显扩大,城市整体面貌焕然一新,人民的生活水平大幅提高。

## （三）加强凤阳花鼓的文化内涵建设

凤阳拥有丰富的历史文化资源,凤阳花鼓、凤画、明文化等在国内外都具有深远的影响。

凤阳花鼓是在农耕社会中产生的一种民间大众艺术,是我国农耕文化、民间文化的凝聚和升华。因帝王的推崇和劳动人民的喜爱,凤阳花鼓自创立以来,经过发展、沉淀和流传,完整地保存了民间地区的劳动、生活以及民俗的记忆,充满了浓郁的农耕气息和鲜明的地域民俗特征,具有悠久的历史文化、农耕文化、区域文化、艺术文化等内涵。在全球一体化进程中,凤阳花鼓正在走向更为宽广和丰富的艺术领域。"只有民族的,才是世界的。"凤阳花鼓文化的发展还需汲取多元文化的精髓,并与多元文化融合发展,增强自身文化软实力,使其成为人类共同的文化财富。

# 第五节　叠罗汉

叠罗汉是一项独具特色的民俗体育项目,集古代杂技、体育于一体,是我国现存最完整、最独特的民间杂技之一。从本质上讲,叠罗汉是一种游戏,也是一种体育活动或表演,由两人或更多人互相配合、层层叠成各种造型精巧的样式。因古代时,由多层盘腿而坐的罗汉组成各种造型,故名"叠罗汉",时常出现于马戏团特技表演、啦啦队表演以及舞蹈表演中。叠罗汉的表演方式为人上架人,重叠成各种形式,分为男子、女子和男女混合等造型。

在民间，叠罗汉是一种传统的体育游戏，具有古朴、粗犷的原生态特征。它由若干人互相配合组成造型动作，成为徽州山乡的一大景观。叠罗汉与其他很多民俗体育项目一样，在发源地的民间产生、成长、蔓延。我国影视、报纸、互联网等传播媒介的快速发展为叠罗汉的现代传承起到了极大的促进作用。另外，叠罗汉还多次被列入各种民俗表演活动，并且作为一项独特的民间艺术成为黄山市旅游文化活动的保留节目。

总体来看，叠罗汉的表演形式类似于杂技，通过伏、卧、倒、立、拉、撑、支等不同的动作和姿势叠成多达 66 种的人体造型，以匡扶正义、驱邪纳福为文化内涵，以堆叠为表演特征，体现以团结互助为荣的可贵精神，将力量与和谐之美融为一体，体现了古徽州人民的聪明才智，是中国古老而重要的民俗仪式，也是我国现存最完整的独特的民间杂技之一。

叶村叠罗汉表演的综合性很强，集戏剧、舞蹈、武术、杂技、造型等于一体，其表演过程有江南丝竹、锣鼓、唢呐等器乐伴奏，音乐无固定模式，多有婺剧风味。表演叠罗汉的人数从几人、几十人到几百人不等，一般要叠 4～5 层，高者有 6 层。众罗汉戴头套、画脸谱、露胸背，堆叠成各种人体造型，最上层的观音或小罗汉一般由 6～8 岁的儿童扮演。众罗汉手持道具做出多种花样动作，虽十分惊险，但妙趣横生，有些套路精巧得让人称奇。66 种人体造型分为走阵（长蛇阵、蜈蚣阵、龙门阵、梅花阵、盾牌阵、叉盾阵）、滚叉（单手滚、双手滚、甩高滚）、拳术、刀棍术、操盾牌（单人打、双人打、大刀花、双刀花、单棍、双人棍、三人棍、操盾牌等）、叠罗汉（叠牌坊、叠塔、叠十殿、叠荷花、过人桥等）、哑背疯、懒头滚打、慈航普度等，个个都精彩绝伦、扣人心弦。例如滚叉表演，人们手舞足蹈、穿插跳跃、循环滚动，在运动过程中还要把滚叉抛到几丈高的空中，之后滚叉又会不偏不倚地落到人们身上，人们还能滚动自如。在整个表演过程中，奔放与严整、粗犷与细腻巧妙地融为一体。民间叠罗汉多是群众性表演，在表演中，所有人的行动必须高度一致、服从指挥、循序渐进，这样才能演变出阵式，否则就走不出阵式。叠牌坊、叠塔、叠十殿、叠荷花、过人桥等造型表演叠图精巧、行走路线严格、高达四五层，表演者必须同心协力、共担分量，才能完成精彩的表演。总之，叠罗汉的各种叠型都表现出粗犷、阳刚之美,使人内心受到极大震撼。叠罗汉的极强的艺术感染力使表演者情绪高涨、使观众身心愉悦,凝聚着大山深处人们的情感与精神,这也是叠罗汉表演500多年间从未间断的重要原因。

# 第六节　采茶舞

采茶舞是集民间舞蹈、灯彩等多种元素于一体的民俗体育项目,富有张力与艺术色彩。采茶舞流行于我国南方丘陵地区,主要分布在江南、西南一带。各地的采茶舞虽然略有差异,但是总体上都与采茶活动密切相关,而且内容丰富、动作优美、节奏较慢,与悠然自得的自然风光完美融合。采茶舞源自茶农的日常采茶生活,极具民族特色和地域特色。当前的采茶舞已成为一种主要体现汉族人民的生活民俗、文化背景、社会结构等传统文化的"活化石"。

采茶舞源于茶乡人民的劳动生活,是一种富有地方特色的舞蹈形式。其基本动作源于日常生活,都与茶树的栽培、茶叶的采摘、做茶的方式有关,具有朴实大方、富于幽默感的特点。表演者多注重腰部以上特别是手臂部位的动作,身体下部的动作不多。采茶舞内容丰富,表演者舞姿柔美,一般是民间采茶人的自娱性舞蹈。采茶舞对表演场地的要求不高,有一块空旷场地即可,如草坪、晒场、房前屋后的空地。即使是有组织的演出,其对场地的要求也不高,只需在空旷的地方用竹木搭台。

采茶舞的表演动作很有特点:演员走步时,两手柔摆,双膝微颤,演员使用的道具有麒麟、凤凰、钱尺、彩扇、手帕、彩带、花篮、花伞、铜钱鞭等,伴奏乐器以二胡、笛子、唢呐为主,再伴以锣、鼓、钹等打击乐器。采茶舞的表演采取歌舞结合的形式,一般由男女演员共同表演。男演员被称为"茶公",一般头戴黑色彩绣头圈,腰缠红腰带,脚穿黑布鞋。采茶舞中的不同角色需要穿不同的服装,主要服装有白色对襟上衣、白长裤、蓝长裤、红背心、黑背心等,衣裤背心均有各色彩线。茶公常用颤腿、屈膝做矮桩采茶舞动作,舞步轻快潇洒。演员手中的钱尺在表演"开荒舞"时可作锄头用,表演炒茶时可用来做拉风箱的动作,动作诙谐,富有情趣。女演员被称为"茶娘",一般戴红色彩头圈、脚穿绣花鞋。茶娘有穿淡黄色斜襟上衣、红色百褶裙的,也有穿红色大襟衣、青色长裤，或身扎彩衣、腰系绣花围裙的。茶娘表演时多运用细碎轻盈的舞步，以"十字步""踏步转"为主。她们手持道具，舞扇时，手腕灵活地抖扇，彩扇轻挥疾拢，有如云朵飘舞、柳絮轻扬，舞姿婀娜，仪态万千；甩伞时，胸腰有提、沉、含、放的动作；手持茶篮采茶时，身体左右两边的护身都具有巧、柔、圆的风格。茶娘一边唱一边舞，表现采茶姑娘上山坡、走小路、穿茶丛以及双手采茶、拣茶和在归途中追、扑蝴蝶的喜人形象。整个采茶舞节奏轻柔舒缓，伴着跳跃、活泼的乐曲，表演者在过门呈三角形循环穿插，步履时而轻盈如蜻蜓点水，时而又急如流水疾风。采茶舞的表演现场气氛热烈，让人联想到风和日丽、生机盎然的茶乡春天。

采茶舞是采茶文化的典型代表。中华人民共和国成立前，采茶舞中的茶娘由男演员扮演，妇女一般不参加；中华人民共和国成立后，妇女也参与到采茶舞表演的队伍中，这时茶娘是名副其实的女性，舞姿更加婀娜，内容呈现创新性发展。采茶舞有开台茶（恭茶）、乃茶、十送茶、老正茶、洋红茶等多种表演形式，表演场所从民间走上了更大的舞台，既达到了艺术"从人民群众中来，又回到人民群众中去"的目的，又体现了"艺术是人类共享的财富"的宗旨。

采茶舞在"且歌、且舞、且戏"的表演过程中表现民间劳动人民的生产、生活内容，以及他们的甜蜜爱情、愉快心情等。富于故事性和浓厚生活气息的民俗体育项目——采茶舞抒发了茶农对自然生态的高度热爱之情和对美好生活的无限向往之情。采茶舞通过肢体的舞蹈动作传递着人们对自然美的欣赏和享受，也反映了人与自然和谐发展的理念，其独特的茶文化内涵是我国劳动人民珍贵的精神文化财富。

# 第四章　舞龙运动教学与训练

## 第一节　舞龙运动的教学方法

### 一、舞龙运动的教学任务、教学特点与教学原则

舞龙运动是中华民族文化的瑰宝，它具有浓郁的民族特色和悠久的历史文化背景，是经过中华民族长期的社会实践逐步发展起来的。民间民族舞龙的传承更多依靠的是本地区、本民族的长辈"言传身教"，这种继承与发展随意性很强，缺少规范的指导。因此，随着"推动中华文化走向世界"战略举措的实施，舞龙运动的国际化交流将得到进一步增强，舞龙运动的教学活动就成了舞龙运动普及推广过程中的一个重要环节。舞龙运动教学是师生为完成既定的教学任务而共同参与的活动，是一个由教师指导、学生练习，在对学习效果及时评价的基础上进行再指导、再学习，从而不断提高技术技能的活动过程。

#### （一）舞龙运动教学的任务

1.继承和发扬中国传统文化，培养学生的集体主义精神和民族自豪感，增强民族凝聚力

舞龙运动在其漫长的发展历程中，已被深深打上了中国传统文化的烙印。因此，在舞龙运动教学过程中，教师除了要传授给学生舞龙运动的理论知识、基本技术和技能，更为重要的是要通过舞龙教学向学生传授中国优秀传统文化，使学生了解悠久的龙文化历史，同时培养学生团结协作、吃苦耐劳的意志品质。

2.传授舞龙运动的基本理论、基本技术和技能，推广、普及和发展舞龙运动

舞龙运动作为一项历史悠久的民族民间的娱乐活动，千百年来在中国民间广为流传，有很深的文化底蕴。目前，舞龙运动已发展成为一项全民性的体育

竞技项目，其理论和技术体系正趋于科学和规范。因此，为了更好地普及和推广舞龙运动，教师在教学中应该全面地向学生介绍舞龙运动的基本理论、基本技术，为今后更为广泛的传播、推广舞龙运动打下良好的基础。

3.发展舞龙专项身体素质，提高舞龙基本体能和技能，促进全民健身运动发展

由舞龙活动发展到舞龙竞技，对舞龙的技术动作和训练体系都提出了更高的要求，因此，通过舞龙运动的教学，可以全面地发展舞龙运动所必需的专项身体素质，发展基本的体能和技能，为提高舞龙运动的技术水平奠定坚实的基础。同时，舞龙运动已成为群众喜闻乐见的体育项目，做好舞龙运动的普及与提高，有利于促进全民健身活动。

4.培养学生的优良品质

在教学活动中，教师还可以抓住舞龙运动独特的民族特点，不失时机地对学生进行思想品德教育和审美意识的培养，并结合舞龙运动的特点，培养学生的集体主义精神以及团结协作、吃苦耐劳、顽强拼搏等良好的道德品质。

## （二）舞龙运动教学的特点

### 1.注重直观教学，以领做为主

在舞龙运动教学中，师生常面对的是"三多"问题：一是动作数量多，每个舞龙套路都由20～30个动作组成，且种类各不相同；二是方向路线变化多，往返折叠，左旋右转，穿插腾越，路线复杂；三是每个动作包含的因素多，手法、身法、步法的协调以及队员与龙体的配合等。此外，动作之间的前后衔接是否流畅、队员之间的配合是否默契等问题时常困扰初学者。

因此，教师可以利用各种技术录像或光盘进行直观教学，这种手段具有技术动作规范统一、可反复对照的特点，能有效地帮助学生改正错误动作、提高技术水平。

### 2.结合图例进行讲解示范

舞龙动作复杂多变，尤其是一些组图造型动作，队员在行进中要突然静止并到达指定位置，组成一个优美造型。初学者对教师的讲解只有一个抽象模糊

的概念，这就要求教师在讲解动作要领的同时，在黑板或地板上画出图例，标出运动轨迹，让每个学生清楚自己的行进路线和静止时的位置。

### 3. 强调动作规范，突出龙形神韵

在舞龙教学中，当学生已经清楚动作的基本方法和运动路线后，教师应进一步强调动作的准确性，要求学生做到动作规范、"美观大方"。另外，在运动中还要注意学生和龙体之间的配合，做到龙体饱满圆顺，突出龙形神韵。

### 4. 重视思想教育，培养学生的团结协作精神及安全意识

舞龙是一项集体性很强的运动，要求队员之间的相互协作与默契。舞龙教学要结合舞龙运动的文化特点及教学规律，重视对学生进行爱国主义和集体主义的思想教育，培养学生顽强拼搏、吃苦耐劳、团结协作的优良品德。安全教育是对学生的关怀，是素质教育中的主要环节。在舞龙教学中，有些动作具有一定的危险性，如快速腾越动作，如果学生稍有分心或把握不好腾越时机就会发生碰撞、摔跤倒地等危险。这要求教师在教学中，不仅要注重学生动作技术的准确，还要对学生进行安全教育，强化学生自我保护意识。

## （三）舞龙运动教学的原则

### 1. 遵循教学大纲，全面完成教学任务

教学大纲是根据教学计划的要求、课程在教学计划中的地位和作用以及课程性质、目的和任务而规定的课程内容、体系、范围和教学要求的基本纲要。它是实施教育思想和教学计划的基本保证，是进行多媒体教学、教材建设和教学质量评估的重要依据，也是指导学生学习、制定考核说明和评分标准的指导性文件。在舞龙运动教学中，教师必须遵循教学大纲要求，优质高效地实现教学任务和目标。

### 2. 主导性和主体性相结合

在教学中，教师和学生是互为依存、相互促进的辩证关系。教师是知识、技能的传授者，必须满足学生学习的需要，并起着调动学生学习积极性的作用。没有教师的主导作用，就不可能完成教学任务；学生是知识、技能的接受者，教师只有在教学中充分发挥学生的内因作用，才能顺利地完成教学任务。因此，教学

的主导作用和学生的自觉性、主动性是提高教学质量和完成教学任务的根本条件。

### 3. 由简到繁，循序渐进

舞龙动作数量多，路线复杂多变。在教学中，教师必须遵守从易到难、由简到繁、循序渐进的原则，先进行基本动作和单个动作的教学，在学生的技术较为成熟后，再进行难度动作、路线复杂动作或组合动作的教学，最后进行舞龙套路的教学与训练。这样按部就班地开展教学，才能达到良好的教学效果。

### 4. 直观、思维与实践相结合

舞龙套路技术动作多、方向变化大，大多数动作需要全体队员的协调配合，共同完成，还要与鼓乐配合默契，做到人、龙、鼓乐"三位一体"。这些特点要求教师在教学中，充分利用各种直观方式，使学生建立正确的动作表象和感性认识，提高学习效率。在此基础上，发挥学生各种感官作用，进行积极地思考、分析，通过身体练习和体验，掌握动作要领，并经过反复练习，建立动作条件反射，形成动作概念，掌握动作的文化内涵和正确的动作技术，从而形成技能。

## 二、舞龙运动的教学方法

舞龙运动的教学方法有指导法、练习法、多媒体教学法和探究教学法。

### （一）指导法

#### 1. 讲解

讲解要做到目的明确、简明扼要、重点突出；要富于趣味性和启发性，并注意讲解的时机和效果。讲解的内容包括：

（1）基本技法

即舞龙动作中经常出现的有规律的技巧和方法。例如原地"8"字舞龙要求两脚开立稍宽于肩，双手持把在身体两侧向前上方做弧形舞动。

（2）动作规格

讲解动作规格可使学生明确动作标准，有助于技术的掌握和提高。

（3）重点难点

即掌握动作的关键所在。

（4）易犯错误

对学习中出现的错误动作进行讲解，可以防止此类错误的再次发生。

2. 示范

示范要做到准确、熟练、优美，并突出舞龙特点，使学生了解所学动作的形象、结构、运动轨迹。示范是学生通过直观的感性认识获得动作概貌的主要手段。在舞龙教学中，教师一般通过徒手或手持把位进行示范，并伴有学生的协调配合。

（1）完整示范

完整示范能使学生观察动作的全貌，形成完整的概念。

运用完整示范的情况有：①初次作为教学内容的舞龙动作。②难度不大、结构简单的舞龙单个动作。③教学对象为有一定舞龙技术基础的学生。

（2）分解示范

有利于学生了解动作细节，从而更加准确、完整地掌握动作。

以下情况可运用分解示范：①结构、方向和路线较为复杂繁难的动作。可将这类动作分为上肢动作和下肢动作，然后按动作的难易程度分别分解示范，或将动作分为几个小节进行示范。②难度较大、速度较快的行进间穿越和腾越动作。③由行进间到静止造型的组图动作。在需要分解示范的教学过程中，一般应遵循"完整—分解—完整"的原则。

（3）示范角度、示范面、示范速度

这三个方面要依据示范目的、对象以及要传授的内容进行合理选择和灵活运用。

①示范角度。教师示范角度的选择应根据学生的人数和队形来决定，以尽量让所有学生都能看清楚动作为原则。如果队形为一列横队，教师可站在队伍前面正中示范；如为两列横队，教师则站在中间示范。

②示范面。舞龙教学中一般采用的示范面有正面、侧面、背面三种。单个动作可采用正面和侧面示范；难度动作和结构较为复杂的动作可采用背面示范。一般来说，这几种示范面要视课堂教学情况灵活运用，目的是让学生看清动作的特点及路线。

③示范速度。示范速度可分为慢速、常速和快速三种，舞龙教学中以前两

种为主。传授新动作时，先采用常速的完整示范；对于较难掌握的动作，可采用慢速示范。

讲解和示范应有机结合起来。舞龙教学多采用边讲解边示范、先讲解后示范或先示范后讲解的教学方法。对于新的教学内容或初次接触舞龙的学生，以示范为主；对于复习内容或具有一定基础的学生，则以讲解为主。

### 3. 提示与口令

（1）提示

提示法是一种"精讲式"的教学指导法，是教师以精练的语言对学生的练习进行"画龙点睛"式地点化和指导。它是突破教材重点、难点，帮助学生迅速掌握动作技术、技能和发展学生思维能力的有效手段。

①超前提示，即在学生练习技术动作之前，教师预先对技术要点进行提示，使学生在练习中把注意力放在教师的要求上，从而使练习合乎要领、技术趋于规范，减少失误。例如学生在练习"螺旋跳龙"动作时，教师可提前喊出"跳"的口令，让学生有个预判，避免脚掌挂踩龙身。

②同步提示，即在学生练习动作的同时，教师采用边讲解、边提示的方法给予指导，使学生在练习中迅速调整动作。例如学生练习"绕身舞龙"动作的同时，教师依次发出"绕"的口令，提示学生把握时机迅速绕身完成动作。

（2）口令

在学生已基本掌握动作要领、弄清动作方向和路线后，教师可用口令指挥学生练习。在舞龙教学中，教师运用口令的节奏和声调的高低，并根据动作结构的特点和动作类型的转变而做出变化，以表现出舞龙表演的韵律。

①数字口令，即一动一个呼号。该口令适用于基本功和基本动作练习。例如学生练习"直躺舞龙"动作时，教师发出"1、2、3、4、5、6、起"的口令，提醒学生完成必需次数并迅速起身以衔接下一动作。

②单字口令。舞龙教学中常用的单字口令有"快""慢""上""下""起""走"等，主要用于把握舞龙套路的节奏和促进动作的整齐划一。

③提示口令。用动作名称或简明术语进行启发提示，强调动作的重点、难点，使学生在不失误的前提下流畅地完成动作。

④鼓乐口令。在鼓乐的伴奏下指挥学生完成一节或成套动作。

### 4.检查纠错

检查纠错是教师了解学生的学习情况，帮助学生掌握正确动作的重要手段。检查纠错常用的方法有指导法、语言提示法、对比分析法等。

（1）指导法

指导法即教师通过对学生练习的评价，指导学生改正错误与不足的方法。

（2）语言提示法

当学生因遗忘动作或对动作要领不清楚而出现失误时，教师可以通过提示动作名称或动作要领来启发、指导学生完成正确动作。

（3）对比分析法

当学生因对动作性质和作用不清楚，忽视动作之间存在的区别而出现错误时，教师可根据动作的结构和种类找出差异，通过正误对比示范，使学生明白正误动作的不同之处，帮助学生改正错误动作。

### 5.解惑答疑

解惑答疑是教师对学生在练习中提出的疑惑问题或某个技术动作进行深入地分析和讲述，引导学生全面了解和掌握技术动作相关知识的教学方法。教师要善于分析练习中产生失误的原因，找出症结所在，对学生的提问做出精辟的解释。

## （二）练习法

### 1.练习方法

舞龙教学中经常采用的练习方法有：

（1）模仿练习

模仿练习是学生学习新内容时必须采用的方法，主要是为了弄清和记忆动作的结构、方向和路线。在模仿练习阶段，教师不要随意变换示范位置和方向，可将基础较好的学生安排在队伍前面带头练习，以提高其他学生模仿练习的效果，起到"以老带新"的作用。此外，学生还可以通过观看录像等方式进行模仿练习。

（2）重复练习

学生初步学会动作后，必须在教师指导下反复练习，以逐步形成正确的动力定型。学生进行重复练习时，教师要提出不同层次的要求，在激发学生学习兴趣的基础上，按要求保质保量完成练习任务。

（3）静想练习

静想练习是指学生在体松心静的状态下，通过意念活动，在大脑中重复已获得的动作表象，以达到强化舞龙运动技能的练习方法。静想时间不宜过长，每次1～2分钟；回忆的动作不宜太多，以3～6个或一个组合为宜，主要回想动作的要领、路线和运动轨迹等。

2.练习形式

（1）集体练习

集体练习是指对全体学生进行集中指导、共同练习的形式。集体练习节省教师讲解、示范的时间，便于统一动作要求。舞龙运动是一项集体性很强的活动，在教学中要多采用集体练习，并对集体练习中出现的共性错误及时纠正。

（2）分组练习

分组练习是指集中指导后，将学生分成2～3个小组进行复习巩固练习的形式。分组练习一般安排在学生初步掌握新授内容后，由技术骨干带领小组学生练习。练习之前，教师要布置练习任务，提出注意事项，并在各组轮流指导，督促学生完成练习任务。

（3）双人练习

双人练习是指两人配对以达到配合默契而进行的一种练习。舞龙技术动作中，有一些动作需要二人的协调配合才能圆满完成。双人练习一般采用徒手练习或手持把位进行练习，以达到强化动作要领、掌握动作技术的目的。

（4）单人练习

单人练习是指学生单独完成动作演练的形式。单人练习时，学生能摆脱对教师和同伴的依赖，独立体会动作要领，记忆动作路线和方向，掌握和巩固舞龙技法。此时，教师可因人施教，进行个别辅导。

（5）配乐练习

配乐练习是指全体学生掌握 1～4 个组合动作或成套动作后，在音乐的伴奏下完成套路的形式。舞龙套路是在鼓乐的伴奏下完成的，通过配乐练习，能培养学生的乐感和节奏感，增强学生的艺术表现力。

### （三）多媒体教学法

#### 1. 多媒体教学形式

（1）观看技术录像、光盘

教师要组织学生观看优秀队伍或大型龙狮比赛的技术动作录像、光盘，帮助学生建立正确的技术动作概念，形成清晰的动作表象。实践表明，运用这种方法能有效地提高教学质量。

（2）多媒体课件教学

CAI（计算机辅助教学）课件分为框面型、自动生成型、数据库型和人工智能型四种类型。教师应根据实际情况采用不同类型的课件进行教学，充分利用计算机对图文的处理能力，对技术动作从静止的、动态的、对比的多方位进行分析，寻找技术动作的关键环节，激发学生的学习兴趣。

#### 2. 多媒体教学内容

①舞龙组合、套路全程演示；

②难度较大的技术动作；

③结构复杂、路线多变的动作；

④学生练习的实况和规范动作的对比；

⑤演示相关技术和理论资料。

### （四）探究教学法

探究教学法是指在教师引导下，学生从趣味性和挑战性的问题出发来获得知识、技能或解决问题的一种教学方法。运用探究教学法必须是在学生掌握了一定的基本功、基本动作和组合动作，并储备了一定的舞龙知识后才能进行。

#### 1. 探究教学内容

①舞龙组合动作或套路记忆问题；②舞龙难度动作掌握问题；③舞龙动作

技术创新问题；④舞龙图解知识和自学问题；⑤舞龙教学方法运用问题；⑥舞龙专项身体素质提高问题；⑦庆典舞龙套路创编问题。

2. 探究教学形式

学生的探究过程是开放的，方法是多样的，结果是多元的。其形式包括：①共同参与；②自学任教；③自主创新。

# 第二节　舞龙运动套路教学及评价

## 一、舞龙运动套路教学的步骤与要求

### （一）舞龙运动套路教学的步骤

舞龙套路是由数十个动作组成的，包含动作的方向路线、运动轨迹、速度力量、转折起伏、心神意志等要素。要让学生学会动作组合或套路，需要通过有序的教学环节使学生逐步掌握完整动作。舞龙动作的学习一般遵循由 A 级难度动作到 B 级难度动作再到 C 级难度动作的教学顺序，先直线后曲线，先简单后复杂。

1. 基本功练习

舞龙基本功是完成基本动作的必备专项素质。在学习基本动作和组合动作之前，必须坚持练习，以具备良好的舞龙基本功。

2. 基本动作学习

基本动作是舞龙运动基础的技术构成要素。学生具备一定的舞龙基本功和专项素质后就要开始基本动作的学习，为以后组合动作或舞龙套路的学习打下良好基础。

3. 组合动作学习

为了更好地掌握舞龙套路，学生在学会基本动作后，应循序渐进地学习若干个组合动作。组合动作的内容可根据舞龙的五个动作类别随意组合，但必须符合舞龙运动的规律和美学特征。

### 4. 套路学习

在掌握了一定的基本技术素材后，可进行舞龙套路的学习，首先学习规定套路，然后进行自选套路的学习。在套路学习时要注重动作的协调配合、队员之间的配合、人体和龙体之间的配合、舞龙和音乐的配合以及套路的节奏、韵律的表现等。

### 5. 技术创新和套路创编

通过套路的学习，学生积累了必要的技术素材和技能；通过教师讲授相关的舞龙理论知识，学生明确了技术创新的原则，启发了思维，学会了运用集体智慧大胆地进行技术动作的创新和套路创编的实践，提高创新意识和能力。

## （二）舞龙运动套路教学的要求

### 1. 重视基本功和基本动作教学

重视对基本功和基本动作的传授和学习，不仅能使学生身体各部位得到较全面的锻炼，还能有效地发展学生舞龙运动的专项身体素质，为提高组合和套路技术质量以及演练水平打下良好基础。

### 2. 注重技术动作的规范性

在教学中，教师必须认真备课，借助现代教育技术手段，力求示范准确、优美大方，对学生练习中出现的错误应及时纠正。学生认真听讲，集中精神观看示范动作，在模仿动作的同时积极思维，体会动作要领，通过反复练习，建立正确动作技术的动力定型。

### 3. 精心处理过渡动作与细节动作

舞龙套路是由几十个不同类型的动作串联而成的，龙的各种形态（游、腾、卧、盘等）都由舞龙者的各种动作来完成，其中由快到慢、从快速运动到突然静止造型等动作转换，都需要一些过渡动作或细节动作来衔接，教师必须对这些细节动作做出微妙处理，使整个套路表演更加流畅而富于韵律。

### 4. 培养学生乐感，突出音乐伴奏

舞龙表演中，自始至终要有音乐伴奏来烘托气氛。音乐可以激励队员情绪，也可以表达龙的神态。音乐的旋律、节奏强弱要与舞龙动作的画面协调一致。

舞龙运动一般采用民族特色浓郁的吹打乐和鼓乐。而现代竞技舞龙的音乐伴奏更加多元化，旋律更为优美。为了提高音乐与龙体配合的质量，运动员要在平时注意培养乐感。

## 二、舞龙运动教学效果的评价

舞龙运动教学效果的评价是指通过系统地收集舞龙运动课程设计、教学组织实施的信息，依据一定的标准和方法进行价值判断的活动。评价者必须在一定的客观标准下，认真地评估测量舞龙运动的教学效果，系统地收集教学活动的资料或证据。

### （一）舞龙运动教学效果评价的意义

舞龙运动教学效果的评价，是教学评价最重要的一项内容。

舞龙运动教学效果评价是以教学为对象，对教学的质量和效果进行价值判断的过程。也可以说，舞龙运动教学效果评价是根据一定的价值观，对照教学目标，对教与学的效果进行的价值判断。在舞龙运动教学过程中，每一学年、每一学期、每一单元要达到什么程度？如何才能真实地收到一定的效果？怎样对教学过程做出合理的选择？这些是达成舞龙运动教学总目标过程中必须考虑的问题，解决这些问题的关键是对教学过程的每一个环节、各种因素和教学全过程所获效益做出价值判断，也就是要进行教学评价。在舞龙运动教学中，如果只着眼于学生运动水平的测验、运动技术掌握程度的评定，就必然会失去评价的完整性和统一性，教学的最终目标也不可能实现。因此，舞龙运动教学效果评价是指在整个教学过程中不断地获取有关信息，并应用这些信息对教学整体做出价值判断，从而达到提高教学效果和教育质量的目的。

评价不仅能确定教学效果和学生的水平，而且能激发学生的学习积极性，引导教学方向，不断提高教学质量和促进学生全面发展。舞龙运动教学效果评价的意义就在于它是教育评价的重要方面，是提高舞龙运动教学质量的重要方法，是教学管理的基本手段，是教学理论建设的重要课题。

### （二）舞龙运动教学效果评价的指标体系

舞龙运动教学效果评价的指标体系范围十分广泛，从广义上讲，舞龙运动教学效果评价的指标体系范围就是舞龙运动教学效果评价的范围。在教学评价过程中，人们往往根据不同的需要，在不同的范围内进行评价。根据目前国内外的研究状况，笔者将舞龙运动教学效果评价的指标体系分为三个方面。

### 1.教学结果

对教学结果的评价，是教学评价传统的、最主要的工作范围。对教学结果的评价是总结性评价，它着重检测学生对知识、技能的掌握及提高程度，以及一般能力和学科能力的发展程度等。教学结果的评价可以帮助人们从整体上了解教学质量，判断教学任务的完成程度和教育目标的达成程度。

### 2.教师的教学行为

对教学结果的评价非常重要，但它只能反映教学的总体水平和质量，不能及时、全面地反映教学过程中各种因素的发展变化及其原因，不能及时提供调控信息。因此，评价只局限于教学结果是远远不够的，还必须对处于动态过程中的教师的教学行为进行评价。

对教师教学行为的评价是在动态的教学过程中进行的，因而所得到的评估是诊断性的和及时的。教师的教学行为是多种多样的，从教学环节来看，有备课、上课、批改作业、考查学习成绩与讲评等一系列具体行为。具体行为不同，评价的着重点自然不同。例如，对备课行为的评价主要看教师是否认真钻研教材；是否深入了解学生；是否在此基础上对教学目标、内容、方法、环境等进行合理设计，形成完整的教学设计方案。对一堂课的评价则主要看教学目的是否明确；教学内容是否正确；教学速度、节奏是否适当；教学方法是否合理；是否有效地调动了学生的学习积极性、主动性；是否达到了预先的教学设计要求。对作业布置与批改行为的评价主要看教师布置的作业是否分量适当、难易适中；是否有利于学生巩固、消化所学知识并形成相应的技能、技巧；教师批改作业是否细致、认真；评语是否恰如其分地指出学生的优缺点；能否对症下药帮助学生纠正错误。对教师考试、考查行为的评价主要看教师命题是否科学、合理；评分是否公平、客观；能否根据考试结果提供的反馈信息改进教学等等。另外，还可以对教师的教学设计行为、组织实施行为、课堂管理行为、人际交往行为等进行评价。总之，对教师教学行为的评价是教学评价的一个重要方面。获取这方面的评价资料，对于提高教学效果评价的全面性和准确性具有重要意义。

3.学生的学习行为

以往的教学评价大多只关心学生的学习结果，在具体评价中往往以对学习结果的评价来代替对学习行为的评价，这种状况不仅缩小了教学评价范围，而且影响了评价效果。

在课堂上，学生的学习行为是丰富多样和不断变化的，它们既受教师行为的影响，又反过来影响教师的行为，即学生的学习行为是在教与学的双边活动中变化发展的。通过对学生课堂动态行为的观察、评价，评价者可以获得大量的有助于了解、判定教学现状及其效果的真实资料，以及帮助改进学生学习、提高教学质量的信息。从这个角度看，必须将学生的学习行为纳入教学效果评价范围并认真对待。

# 第三节　舞龙运动训练的任务与要求

## 一、舞龙运动训练的基本任务

舞龙运动训练的任务是紧紧围绕其目的而确定的，每一阶段的训练工作都包括以下内容：

第一，加强运动队的思想作风建设，培养运动员高尚的道德和优良的意志品质，不断提高运动员的心理素质。

第二，增强身体素质，全面发展身体各项机能，促进运动员专项素质的不断提高。

第三，通过训练使运动员熟练掌握舞龙运动的技术、战术，提高在比赛中运用技术、战术的能力，学习并运用舞龙运动的专项理论知识，在比赛中充分发挥自己的运动技术水平。

## 二、舞龙运动训练的基本要求

### （一）思想作风训练要求

众所周知，竞技舞龙运动是由 10 个人手持龙珠、龙体，在音乐的烘托下共同完成龙盘、游、翻、滚、穿、缠、戏等形态动作。动作与动作之间，龙珠与龙头、龙躯之间，每个人都在围绕一个目的或动作要求来做动作，任何一个队员的失误或偏差都会影响龙体完成动作的整体性。竞技舞龙运动中有很多人与人之间的配合动作，因而要求队员在音乐的伴奏下团结一致，齐心协力，相互配合，珠引龙走，龙随珠行，节节相随，快慢有序地完成动作。因此，竞技舞龙运动对运动员的团队协作精神要求很高。

### （二）身体训练要求

良好的身体素质是从事舞龙运动，特别是竞技舞龙的前提条件。在舞龙套路中，为了体现龙之神韵，往往采用动静结合的形式，其静，或盘龙或缓行；其动，则如翻江倒海，因此队员必须具有一定的耐力、速度和力量素质。这就要求队员在集训中，保证每周至少两次素质训练，特别是对于舞龙头者，要注重绝对力量和耐力的培养，多做长跑和负重训练。而舞龙身则需各把位队员在彼此配合的同时注重身体素质的全面发展，尤其舞龙尾者，其脚步动作要灵巧快速，对其速度和耐力要求很高，因此在选材和训练方面都应重视。

第一，身体训练要全面，既要进行一般训练，又要进行专项身体训练。全面发展身体素质，并逐步发展专项素质，为运动员未来的发展打下坚实的基础。

第二，身体训练要有计划地在平时业余训练以及暑假集训等阶段科学地进行，做到因人、因时、因地而异，处理好一般身体训练、专项身体训练以及技术训练之间的关系，使之密切结合、相互促进，并且要合理安排身体训练在全年训练中的比重、一般训练与专项训练的比重。

第三，身体训练单调、枯燥，负荷大，又艰苦，运动员容易忽视练习的质量、数量，放松练习要求。因此，教师要对齐进行思想教育，讲明道理，明确目的，加强检查，严格要求动作的质量、数量，确保身体训练的效果。

### （三）技术训练要求

第一，青少年求知欲望强，可塑性大，善于模仿，易于接受新生事物，对他们进行技术训练十分有利。但是，由于青少年运动员神经过程中兴奋和抑制尚未稳定，易受外界刺激的影响，所以他们虽然能较快地学会技术，但容易受干扰，掌握技术很不稳定。因此在训练过程中，教师从开始就应该重视技术规格的要求，使他们建立起正确的技术概念，并经常反复训练，及时纠正错误，防止形成错误的动力定型。

第二，青少年运动员首先要做好基本技术训练，牢固地掌握专项技术基本功，为今后继续提高技术奠定扎实的基础。初级阶段的基础训练尤其重要，要从实际出发，不要片面地追求高难技术，勉强学习或掌握难度较大、技术规格要求高的动作。

第三，技术训练要全面、准确、熟练。技术全面是指掌握专项运动中的各种技术并且精练几种重点、关键技术。技术准确是指运动员严格按技术规格要求完成动作，正确掌握动作的顺序、要点与方法，重视技术的基本环节，注意技术细节。技术熟练是指熟练地掌握技术，并在紧张、激烈、复杂的比赛中能准确、熟练地发挥技术水平，圆满地完成舞龙表演。

在进行技术训练的同时，还要特别重视协调能力的培养，只有运动员身体各部分协调一致，才能既省力又符合技术规格要求地完成技术动作，从而提高技术动作质量。

第四，舞龙技术训练要与身体训练密切结合，在学习新技术时，要注意发展该技术训练所需要的身体素质。教师应根据专项技术对身体素质的要求，针对学生的身体素质情况，选择合适的身体训练内容，同时采用适当的方法进行技术练习，增加练习次数，提高练习密度，达到既能掌握和改进技术又能提高演练水平的目的。

### （四）舞龙意识的培养

舞龙表演光有外形的美还不够，还要注重神美。神美是舞龙者对龙文化的理解，一个较完美的舞龙套路应当技术规范、构思巧妙、形神兼备，能够展现龙的精气、神韵，以及"龙"所象征的中华民族龙腾虎跃的精神风貌，因此要提高队员对中华五千年灿烂文化及龙文化的理解和认识水平，使之从思想意识上把握"龙"应当具备的特点。

# 第四节　　舞龙运动综合训练

## 一、舞龙运动团队意识训练

团体协作在舞龙中有更为重要的意义，它直接影响技术、演练水平的发挥和比赛的胜负。因此，必须将培养队员之间相互协调、默契配合的能力和团体协作的能力放在训练的首位。

### （一）组队之初团队意识训练

舞龙运动是一项典型的集体运动项目，而且运动强度很大，任何一个人的缺席或思想上的松懈都将导致训练的失败，因此在组队训练之初，要先进行思想作风教育，使队员树立起强烈的集体荣誉感和责任心。要树立团队意识，就要经常对队员晓之以理，动之以情，结合一些典型事例来影响教育队员，使队员从内心上重视训练运动，这样才能保证每次的训练效果。

### （二）组队之后团队意识培养

运动员之间的默契配合也需要一个逐步培养的训练过程，在训练中，首先抓好两人或多人的配合练习，特别是对舞龙的难度动作的练习，如站腿、站肩、靠背、双杆、平躺、挂腰等动作，抓好这些动作是提高队员之间协调、默契配合的基础，也是提高单个动作质量的重要方法和手段。

其次，要将70%～80%的时间用于集体的技术、素质和对龙体的控制训练，从简单的、动作缓慢的静态造型训练逐步过渡到快速、高难动作的动态训练，这样有利于培养队员之间的配合能力、协调能力和整体完成动作的能力，以达到"人龙合一"的境界。

## 二、舞龙运动专项素质训练

在舞龙运动训练中，除了对运动员进行一般的身体素质训练外，还必须进行必要的专项素质训练，这是舞龙运动员动作得以展现的基础。

## （一）运动姿势训练

舞龙每一个动作的姿态、造型、变化组成了"龙"的形象，展现了"龙"的性格。它是舞龙的语言，是运动员表达思想、表达情感的首要手段，是一切其他表现因素的基础。对运动员进行动作姿势训练，能有效地改善运动员的身体姿势和表演技能，培养运动员的内在气质，达到"以形表意，以意传神"的演练效果，这正是提高运动员表现力的关键所在，因此它是舞龙训练的核心内容之一。

### 1. 基本姿态与形体训练

运动员身体的姿态是表现舞龙动作"正确"和"美"的基础，也是表现"龙"的形态的基础。运动员可以学习和借鉴舞蹈，尤其是体育舞蹈、艺术体操等相关项目在姿态与形体训练方面的方法和经验，吸取一些符合自身特点的方式、方法来进行训练。例如，通过整套中最常用的双手上举、弓步、八字步等以及一些步法的练习，来强化运动员开、绷、直、立的身体基本形态，增强动作向外部空间伸展的能力，逐步表现出舒展大方、协调流畅的动作线条和优美而高雅的身体姿态，并体会"手、眼、身、法、步"之间的默契配合。要培养运动员的表演意识，力求将最优美的动作、环节、线条展现给观众，实现一举手、一投足、一亮相就是美的艺术享受。

### 2. 定位与定点训练

舞龙是"线"的流动、"圆"的呈现，是一种讲究线条美的艺术。我们在评判舞龙静态造型动作和动态动作时主要观看各龙节所处的位置是否准确、合理、美观，以及龙体运动轨迹是否流畅、连贯、优美。而龙体、龙节的运动轨迹、点位都是由"点"构成的，这些"点"就是各个队员运动的路线和位置，因此，定位与定点训练是掌握和提高舞龙动作姿态的准确性和优美性的关键。

采用定位与定点训练的方法就是对每一个动作运行的轨迹、路线和位置进行最精确的定位或定点，有意识地训练运动员感觉肢体（特别是龙体和龙节）的空间位置，增强本体感觉能力，提高规格质量，美化动作。训练时必须做到"四个统一，一个强调"，即：统一路线、统一高度、统一步法和统一速度与节奏；强调身体形态同龙体的配合，要随龙体起伏、穿腾和翻滚而变化，将自己完全融入龙体，使之成为龙体的一部分，或动或静，组成优美的"龙"的姿态、塑造"龙"的形象、展现"龙"的风采，从而使舞龙的套路变化多样、连接巧妙、层次分明、节奏合理、高潮迭起，使"龙"的图案、造型更加生动、优美，使"龙"的线条更加流畅、圆顺。做到"动则有势，静则有型"，给人们一种美的感受，这样才能使舞龙运动通过运动员的动作表现出高超的技术、内在的思想、感情和精神，达到"以形传神，形中见神，以神显意"的艺术境界。

### （二）专项身体素质训练

#### 1. 控制把位能力训练

运动员把位控制能力的好坏直接影响龙体运动轨迹的圆顺和流畅，影响龙形图案的变化和造型的美观，是表现动作形态美的关键。

##### （1）滑把与换把练习

以游龙动作、八字舞龙动作和静态造型动作练习为主。要求滑把、换把动作准确、连贯，双手转换熟练、平稳，并随龙体轨迹运行。提高运动员控制龙体的速度、稳度，以保证动作精确、准确。

##### （2）控制力练习

以单手平举龙杆的手臂静力性力量练习同单手单杆、双杆和双手单杆的"8"字舞龙动作动力性力量练习相结合的练习为主要训练内容，每组训练时间为 5 分钟，一般练习 5～6 组，每组休息 1 分钟，以此来提高运动员控制杆的能力。

#### 2. 力量训练与平衡能力训练

力量素质是舞龙运动员最重要的基本素质之一，是运动员掌握运动技术、发展各项身体技能、提高运动成绩的基础。舞龙运动员的灵活性、协调性、耐力等都与力量素质有密切的联系。因此，进行有效的力量训练对于提高舞龙运动水平具有极为重要的意义。

舞龙动作的一个突出特点是：为了体现圆曲这种要求，必须以大幅度的舞龙动作来表现龙腾越、翻滚的壮美，组成各种形状。龙具有一定的重量，龙头重量不少于 3 千克，龙珠、龙体、运动员及龙具不少于 1 千克。在舞龙表演与训练中，"8"字舞龙动作最多，很多动作都由这个动作衍化而来，这个动作主要通过腰部扭转动作舞动龙具来表现。腰部接受来自腿部的力量，在扭转之中积蓄力量，在旋腰转脊中迅速将力量传输至上肢，上肢又在转膀转腕中将力量外放。舞龙运动过程中跨、跳、翻、滚、起、伏等动态动作众多，在多数情况下，运动员的膝关节基本保持在半蹲位，下肢在大腿与地面接近水平的状态下，进行舞龙动作变换。这些动作变换借腹背肌和髂腰肌的收缩力量带动下肢进行。这样的运动过程就会使手腕、腿和腰腹的力量在负重的条件下得到锻炼。长期进行这样的练习，手臂、腿部和腰腹肌肉的力量就会增强，尤其是下肢的爆发力。

舞龙中的两人、三人或四人组合动作的练习，如站腿、站肩、平躺挂腰等舞龙动作，不仅要求运动员具有良好的腿部支撑力，还要求运动员有较强的平衡能力。这些高难度动作是运动员的主要得分手段，因此，它的稳定性、连贯性和队员间的配合就显得十分重要。运动员在练习时，应遵循从易到难、从慢到快、从徒手配合到器械配合的原则，在训练中要把队员的安全放在首位。

3. 柔韧性训练

舞龙运动的一个突出特点是"展"，即舒展大方，为了表现龙的盘、游、翻、滚、穿、腾、缠、戏等形态，一招一式都必须加大幅度，这体现在运动员身体的每一个部位，表现在上肢是旋腕转膀，表现在躯干则是旋腰转脊。无论是上肢、下肢还是躯干的左右旋转，其动作的路线均以弧形为主。所以，在舞龙运动柔韧性训练中，应注重腰、腿、足和脊柱各关节的训练。例如游龙动作中，完成高低、左右起伏行进，展现婉转回旋、左右盘翻、屈伸绵延等龙的动态特征时，倘若这些关节的柔韧性差，身体动作就显得僵硬，无法表现出龙婉转回旋、行云流水的姿态。

柔韧性素质训练方法如下：

①做各种摆振动作，逐渐增加动作幅度，借以拉长关节周围的肌肉和韧带，扩大活动范围。例如手绕环、手臂前后绕环和上下摆振、腰的前后屈和绕环、膝关节的绕环、髋关节的前屈和绕环等。

②利用自身身体多做弹性下压，借以拉长肌肉和韧带。例如直立上体前后屈、对墙压腿、拉杆的压肩、弓箭步压腿等。

③利用器材（如体操棍、肋木、吊环等）做转肩、压肩、甩腰、压腿等动作。

④借助同伴来发展柔韧性。

4.耐力素质训练

男子竞技舞龙在比赛过程中的时间要求是 7 ～ 8 分钟，而且在规定的时间内需要完成一定难度系数的套路，一个套路往往包括三到四十个不同难度的动作。同时，舞龙运动是以有氧化系统供能为主的非周期性运动项目，因此对耐力素质的要求相当高。

中长距离的变速跑、越野跑、大强度的打篮球、踢足球等练习是发展一般耐力素质的有效方法。

5.速度及灵敏性素质训练

舞龙运动的一个突出特点是"顺"，即顺势而动。在舞龙运动过程中，为了充分体现龙的神韵，需要时刻保持龙体圆顺、饱满。运动员必须跟随龙珠、龙头的动作不间断，而舞龙表演的精彩与否，主要看龙尾摆动幅度，这就要求第六把、第七把、第八把龙尾运动员快速跑动或跳跃来表现动作。而在舞龙运动过程的大多数情况下，运动员膝关节基本保持在半蹲位，所以可以通过增加步频来提高移动速度。舞龙是一种速度和力量要求较高、配合性极强的非周期性运动项目，运动员在运动过程中的注意力必须高度集中，即要求整条龙每一个部位都要有动作，并且做到前"领"、后"随"、中部"应"与"和"，最终达到"一气呵成"的整体和谐的效果。在注重整条龙的前、中、后部协调动作的同时，还强调龙体每一个把位的动作细节。在练习时，队员要注意这些把位的细小动作练习，这有利于提高全身肌肉的运动感觉，集中注意力可使神经系统处于适宜的兴奋状态，缩短潜伏时间，提高反应速度。以快为主、快中有慢的舞龙运动，可以提高人体的速度素质和灵敏素质。

### （三）表现力训练

所谓舞龙运动的表现力，主要是指运动员对龙文化的理解，以及通过运动员的肢体运动将舞龙动作的内涵充分展示出来，从而形成一支舞龙队伍独特的艺术表现风格。舞龙时动作的完成和表现与运动员的专项身体素质能力和动作表现能力是分不开的。舞龙动作的快慢（速度）、轻重（力度）、幅度、刚柔不仅能反映运动员完成动作的能力，而且能表现龙的思想和情感，它是舞龙艺术表现的一个重要方面。因此，在训练中教练员要将专项身体素质训练、体能的训练与舞龙的表现力训练有机结合起来，进行快与慢、开与合、重与轻等对比性较强的训练。采用这样的训练，一方面能有效地提高运动员的专项身体素质，增强运动员的控制力、协调力、表现力，以及动作在速度、力度、幅度、稳度和耐力等方面的表现力，有助于运动员表现能力的提高。另一方面能产生强烈的对比效果，有利于运动员分清动作的轻重缓急，掌握动作的快慢节奏，提高运动员对动作的处理能力和表现能力。

### （四）运动员音乐综合能力训练

教练员应培养运动员在音乐方面的四种能力，即音乐听觉能力、音乐记忆能力、音乐领悟能力和音乐表达能力。音乐听觉能力是形成各种音乐能力的前提和基础，运动员应有充分听音乐的训练时间。在训练中，一般在准备活动时进行听音乐训练，让运动员感受音乐的节奏、节拍，并逐渐懂得乐曲中每一小节的情感起伏，理解音乐的含义和主题思想，从而正确地表现主题。音乐记忆能力、音乐领悟能力的训练是一个长期过程，教练员必须鼓励、引导运动员学习有关音乐方面的知识，让运动员体验不同的音乐旋律、风格特点和意境，从而用不同的动作表现不同的艺术风格，达到动作、情绪与音乐相吻合的境界，做到声中有形、形中有声、声形一体。将音乐表现于动作中，使音乐与动作完美结合，这样的舞龙动作才具有较强的艺术性。

在训练中，教练员可以采用以下方法进行训练：

①在音乐伴奏下进行组合动作和分段动作训练来掌握乐曲中每一个小节的情感起伏和动作的配合，使之细化、准确。

②采用配合音乐的整套动作训练来理解和表现主题思想，增强舞龙表演的艺术感染力。

③用同一动作去表现不同的音乐旋律，使运动员能掌握多种形式的、不同风格的表演技巧，培养和提高运动员的艺术表现能力。

## 三、舞龙运动技术训练

### （一）基本技术、组合技术训练

单个动作、组合动作是组成套路的要素，是套路技术的基础。单个动作是指舞龙规则上规定的A级、B级、C级动作类以及在此基础上所创新的A级、B级、

C级难度动作。数个单个动作连接而成的动作称为组合动作。在基础训练阶段，多进行单个动作重复训练。

在单个动作训练中，应注意两项原则：一是精选动作；二是严格训练。

精选动作是指选取那些主要的、具有代表性的，并符合本队运动员的身体素质、个性特点的基本动作。

严格训练是指选好动作之后，应对其规格、要领进行综合分析，抓住动作的特点和关键，在训练实践中严格要求、精益求精、反复训练。在训练中，应力求正确地、高质量地重复，减少和避免错误动作的再现。

在中、高级训练阶段，随着分段、整套训练的增加，单个动作的训练相应有所减少，但仍应根据动作的需要以及个人的不同情况，坚持一定量的单个动作的训练。除徒手基本功和难度动作多采用单个动作训练外，一般选择套路中的创新动作和薄弱环节进行反复训练。

组合动作训练是套路分段训练、全套训练的中间环节，对掌握动作之间的衔接技巧、套路节奏，明确动作路线方向以及龙体运动轨迹、深化龙狮文化都有重要作用。组合动作训练一般在基础训练中安排较多，在中、高级训练阶段中随着分段训练的增加，相应有所减少。

### （二）套路技术训练

舞龙套路比赛和表演是通过整套演练进行的，因此必须进行套路技术的分段、整套和超套训练。通过套路技术训练，提高套路的演练技巧，进一步发展套路演练所需要的专项素质和身体机能。

舞龙套路的训练，一般采用分段练习、整套练习和超套练习三种形式。

#### 1. 分段练习

一种是按照套路本身的分段顺序，将套路分成两个或三个段落进行训练；另一种是选择性地进行某一段落或两段落的训练。后者主要侧重于难度系数较大或较薄弱的环节。

#### 2. 整套练习

关键是处理好全套的节奏、体力分配、艺术表演和鼓乐配合，使全套的演练表现出龙的潜跃翻滚、蜿蜒游动、起伏转折、刚柔相济的特点。整套练习要注意动作的规范化和难度动作完成的成功率。对完成得不好或者失败较多的动作，要通过组合或分段练习来进一步改进和提高。

3. 超套练习

超套练习就是一次练习一整套加上一小节动作等。这主要能提高无氧代谢能力，增强演练套路的专项耐力，培养意志品质。练习时，要从实际出发，适当采用此练习。教练员要鼓励队员以顽强毅力坚持到底，对动作的规格和整套的节奏、与鼓乐的配合不能放松要求。这种训练形式不宜多采用，以防出现过度疲劳而影响动作质量。对于整体训练水平较低的队员，不宜过早采用或者超套过多，以免在体力不支的情况下，破坏动作的正确定型。

## 四、舞龙运动心理训练

心理训练是指采用某种方法和手段，有意识、有目的、有计划地对运动员的心理过程和个性心理特征施加影响，使运动员学会调节自己的心理状态，培养运动员在训练和比赛中所需要的心理素质，保证训练和比赛的顺利进行。随着现代舞龙运动技术水平的不断提高，运动队之间的水平越来越接近，要想取得优异的成绩，运动员心理素质的好坏起至关重要的作用。

舞龙运动心理训练通常可以划分为一般心理训练、赛前心理训练和比赛中心理状态的调整三种。其中，赛前心理训练和比赛中心理状态的调整又合称为比赛心理训练。一般心理训练旨在专项训练中改善运动员的心理状态，挖掘心理潜力，完善个性心理特征，掌握并熟练心理自我调节、控制的策略和机能。比赛心理训练是以完成比赛为目的，激发运动员参加比赛的动机，提高运动员合理和灵活地运用自己的身体能力和技术、战术的意识，并运用心理自我调控的技术和手段，形成良好的心理状态和竞技状态，以争取优异的比赛成绩。一般心理训练和比赛心理训练是互为条件、相互依赖的，前者是后者的基础，后者是前者的进一步深化。

舞龙运动是一项集体性强、表现维美性的体育活动，队员之间不存在一对一的激烈对抗，在队员所具备的各项素质中，心理素质虽然不是最重要的，却也不容忽视。

培养学生良好的心理素质一般通过以下途径：

### （一）课堂上对学生进行思想教育

在舞龙教学过程中，教师在传授舞龙技术、技能的同时，要对学生进行思想教育，使学生明确学习目的，端正学习态度，培养学生的集体荣誉感。

### （二）参加文艺表演及商业演出活动

学生参加文艺表演和商业演出活动，不仅舞龙技术动作逐步稳定并趋于娴熟，技术水平不断提高，而且能积累丰富的临场表演经验，增强自信心，为参加正式比赛打下良好的心理基础。

### （三）组织模拟比赛

组织模拟比赛的时机一般在正式比赛前一个月，以 2～3 次为宜。通过模拟比赛，可以总结经验、发现问题、及时整改，为迎接正式比赛做好充分的准备。

#### 1.培养和提高运动员的应变能力

通过模拟比赛训练，让运动员学会处理各种各样的突变情况，如比赛热烈的气氛、同伴动作失误、服装的脱落等，有意识地培养运动员的应变能力，不断积累临场经验，以提高运动员在临场比赛时的应变能力，轻松地面对、冷静地处理。

#### 2.培养运动员良好的心理状态

通过模拟比赛训练，还能了解和掌握在这种环境下运动员的心理状态，并有针对性地、有意识地培养和锻炼运动员的心理素质，让运动员学会自我调节，并能控制临场时的心理状态，使运动员的热情、活力、自信得以自然流露，从而增强运动员获胜的自信心，使之发挥最高的技术水平和演练水平，达到最佳的竞技状态和表现状态。

## 五、舞龙运动训练的方法与手段

为了提高运动员的技术水平，达到取得优异比赛成绩的目的，必须根据不同的训练时期、内容、对象和场地设备条件，采用多种多样的训练方法及手段。在高校舞龙运动训练中，通常采用以下几种方法。

## （一）分解训练法

分解训练法是指将舞龙运动的单个技术动作或套路合理地分成若干个环节或部分，然后按环节或部分分别进行训练的方法。运用分解训练法可集中精力完成专门的训练任务，加强主要技术动作和薄弱环节的训练，从而获得良好的训练效果。

在舞龙教学与训练中，对于结构复杂、难度较大的动作可采用分解训练法，如骑肩舞龙动作。在学生掌握组合动作或成套动作后也可采用分解训练，即把一个完整套路分成几段或几个小节进行训练，其目的是增强技术动作的稳定性，减少无谓失误，提高学生舞龙的艺术表现力和节奏感。在进行分段或小节训练时，如有鼓乐配合，其效果更佳。

## （二）重复训练法

重复训练法是指按照一定要求不改变动作结构和运动员负荷量，反复地进行练习，使其条件反射得到建立、巩固，从而使运动技术形成牢固的动力定型。

在舞龙运动训练中，重复训练法是一种最常用的训练方法。以下几种情况可以采用此法：①表演中容易失误的动作，如站腿舞龙、挂腰舞龙、螺旋跳龙等动作；②路线较复杂的动作，如大立圆螺旋行进、快速连续斜盘跳龙等；③一些需要集结、解脱的组图造型以及需要队员动作整齐一致和鼓乐合拍的造型动作，如"中国龙"造型、高塔盘造型、"阴阳太极图"造型等；④在音乐伴奏下的整套演练。重复训练不仅可以全面发展学生身体素质、提高技术质量及演练水平、培养学生顽强的意志品质，还能增强舞龙表演的艺术感染力。

## （三）间歇训练法

间歇训练法是指依规定的要求进行练习后，按照严格规定的时间和休息方式进行休息，在机体机能尚未完全恢复的情况下，就进行下一次（组）练习的训练方法。该方法是在运动员机体未能完全恢复时就进行下一次练习，能有效地提高呼吸和心血管系统的机能。

在舞龙运动训练中，间歇训练一般用于学生完成半套或一整套动作后。一个完整舞龙套路表演需要7～8分钟，在此期间，学生在场上要不停地穿插、跑动、跳跃，运动量较大。当学生歇息一定时间后，在身体机能尚未完全恢复的情况下，教师可针对整套演练中出现的失误，要求学生再进行分段、半套或含有某个失误动作的小节练习。

除上述三种训练方法外，还有持续训练法和循环训练法，不过这两种方法在高校舞龙运动训练中较少采用。总之，无论使用哪种训练方法，教师都要因人、因时、因地制宜，根据队伍的实际情况和赛程，采取科学的手段和方法，以达到最佳的训练效果。

# 第五章　舞狮运动基本技术与动作创编

## 第一节　南狮运动基本技术

### 一、手型和手法

#### （一）狮头握法及动作

狮头握法包括狮棒握法和狮舌握法，是握狮棒动作与握狮舌动作的协调与配合。

1. 狮棒握法及动作

右手掌摊开，手心朝里，虎口朝上，大拇指同其余四指卷握横木中间。狮子神态除通过身法、步法的表达之外，主要依靠眼型的变化。狮子眼睛的睁与闭，以及眨眼所表现的眼法，都是通过主握横木的右手手指拉动连接狮子眼睑的绳子杠杆装置得以实现的。

2. 狮舌握法及动作

（1）单手正握法

以右手为主握（狮棒握法），左手前臂托横木，五指张开，掌心向下，以大拇指托狮舌，其余四指在狮舌上方，手背朝上握狮舌中间或一侧部位。

（2）单手反握法

右手为主握，左手握法与单手正握法相反，即左手五指张开，手心朝上，大拇指与其余四指分握狮舌上下面。

（3）双手正握法

两手从横木下穿过，以前臂托住两侧横木，握法与单手正握法辅握手相同，握于狮舌两侧头角处。

（4）双手反握法

握法与单手反握法辅握手相反（两手心向上），握的部位相同，以肩为主要着力点托住狮头。

开口与合口：狮子口的开合主要是通过狮舌的上下摆动来完成的。开口式多用于舞中架、下架狮时，根据狮神态确定张开口的大小、角度及狮舌舞动的程度。合口式一般用于舞高架狮时或狮神态的洗、擦、提动作。

## （二）狮尾握法及动作

腰带的抓握是狮尾握法及动作完成的前提和基础。狮尾握法主要包括单手握和双手握两种，其相应的狮尾动作有摆尾和掀被。

### 1.单手握及动作

狮尾用一只手（通常为右手）抓握狮头同侧手胯骨处腰带。单手握通常是在狮头不起跳的时候使用，另一只手可结合抖臀做摆尾动作。

### 2.双手握及动作

狮尾用两手分别抓握狮尾同侧胯骨处腰带。双手握既可用于狮头起跳，如上单腿、上双腿、高举等腾起动作，也可以用于狮头不起头的状态，如配合膝关节的屈伸，两手肘关节做外展掀狮被动作来体现狮子气息的变化。

### 3.抓握腰带

狮尾两手虎口朝前上方，大拇指与其他四指从狮头两侧胯骨处抓握腰带。狮尾可以利用除大拇指以外的其余四指从下往上把狮头的狮裤一部分卷到手心，以增强握的舒适性和稳定性。

## 二、步型和步法

步型是指舞狮运动中两腿根据不同的狮子形态，按一定要求通过下肢所展示出的一种静止姿势，即脚呈现的式样或类型；步法是指舞狮运动中，展示脚步移动的方向、幅度大小、速度快慢等时空过程的方式方法。

按照两腿与两脚的空间不同，可将步型分为左右开步式、前后错步式、交叉辗转式、双脚并立式与独立式五种。

## （一）左右开步式，即两脚向左右两侧横向分开的步型

### 1. 两移步

从基本步站立姿势开始，上体不动，左右脚交替前移约一脚掌。

### 2. 大四平步

两脚左右开立宽于肩，两腿弯曲，两大腿成水平，上体正直，收腹挺胸。

### 3. 铲步（仆步）

右腿大小腿弯曲，全蹲，重心在右腿，左腿向右侧前伸，大小腿成一直线，脚掌往里扣；左与右动作相同，方向相反。

### 4. 跃步

从基本步站立姿势开始，下蹲用力蹬地，向左右上方跃起，落地后还原。

## （二）前后错步式，即两脚前后纵向分开的步型

### 1. 行礼步

从基本步站立姿势开始，以左为例，两脚用力蹬地向上跃起，在中线落地，重心在右腿，成左虚步；右虚步与左虚步相同，方向相反。

### 2. 弓步

右腿大小腿弯曲，大腿成水平，上体正对前方，成前弓后箭形。

### 3. 跪步

从基本步站立姿势开始，左腿大小腿弯曲约90°，右大腿弯曲小于90°，右膝关节和右脚指向地，上体稍前倾，重心在右脚；左与右动作相同，方向相反。

### 4. 虚步

左腿弯曲，重心在左腿，右腿大小腿微曲，脚尖前点，左与右动作相同，方向相反。左脚在前称左虚步，右脚在前称右虚步。

### 5. 小跑步

从基本步站立姿势开始，一脚脚跟提起，另一脚前脚掌着地，左右脚交替小跑前移。

### 6. 跳步（小跳步）

两腿用力蹬地，向前方跳起，腾空的同时稍向左转，两脚落地呈侧向马步。

### （三）交叉辗转式，即两腿前盖后插或原地转形成交叉的步型

1. 麒麟步

从基本步站立姿势开始，重心移至左脚，右腿经左腿前向左一步，左右腿交叉，两腿弯曲，重心在两腿；右与左动作相同，方向相反。

2. 插步

从基本步站立姿势开始，重心移至左脚，右脚提起经左腿后向左腿的左后方插步，左右腿成交叉；右与左动作相同，方向相反。

### （四）双脚并立式，即两脚靠拢站立的步型

1. 开合步

从基本步站立姿势开始，两脚蹬地，两腿向左右分开宽于肩，两脚蹬地两腿并拢完成动作的过程，上体保持基本姿势。

2. 并立步

两脚的内侧紧贴着站立，脚跟也紧紧靠拢，两脚脚尖有时候也会向外打开。

### （五）独立式，即一腿支撑身体，另一腿离开地面悬空的步型

1. 吊步

在左虚步的基础上，提起左腿，支撑腿微曲，左大腿在体前成水平，膝关节放松，小腿自然下垂，脚尖绷直；左与右动作相同，方向相反。

2. 探步

从左虚步开始，左腿提起，左大腿成水平，以右膝关节为轴，小腿前伸，脚尖前点；左与右动作相同，方向相反。

3. 金鸡独立步

左腿提起，大腿成水平，大小腿弯曲小于90°，脚尖绷直，上体稍前倾；右与左动作相同，方向相反。

## 三、身形与身法

身形就是体形，而身法是身形的各种展示方法。抛开炫丽狮具的掩饰，狮子的外部形态展示和神态表现是通过扮演狮子的运动员的身形及其变化（身法）

来实现的。单一的身形、身法构成了舞狮动作中的基础动作和简单的技巧动作。

### （一）腾起

动作说明：狮头下蹲用力蹬桩面，向上跃起，狮尾在狮头跃起的同时把狮头举起，然后落下还原。

动作要点：狮头垂直向上跃起，狮尾顺势伸直手臂并夹紧。

### （二）高举

动作说明：狮头下蹲用力蹬桩面，向上跃起，狮尾在狮头跃起的同时把狮头举起，狮头在狮尾头顶保持提膝收腹、身体微后仰的稳定姿态数秒或更长时间。

动作要点：当狮尾将狮头举起时，狮尾双手手腕手臂内旋用力夹紧，来增强动作的稳定性和持久性。狮头用力蹬地，垂直起跳，空中身体后仰并收腿，滞于空中，不要挺肚子，头不要后仰。

### （三）坐头

动作说明：狮头下蹲用力蹬桩面，向上跃起，狮尾在狮头跃起的同时把狮头举起，并轻放于头上，狮头左膝高抬，大小腿弯曲，脚尖绷直；右膝下垂，大小腿弯曲，脚尖绷直。

动作要点：狮尾要点同上，狮头坐于狮尾头上，左脚提起，右脚紧贴狮尾胸部，躯干自然挺直。

### （四）单桩坐头

动作说明：单桩坐头做法同坐头，只是狮头狮尾各占一根桩柱。

动作要点：要点同坐头。

### （五）钳腰

动作说明：狮头下蹲用力蹬桩面，向上跃起，狮尾在狮头跃起的同时，狮尾两手把狮头后移至体前，狮尾成半蹲，狮头大腿紧夹狮尾腰部，左右脚相扣。

动作要点：狮头向上跃起以后，狮尾迅速半蹲，将狮头拉至体前；狮头双脚扣于狮尾后腰，迅速夹紧，挺腹抬头。

### （六）占位钳腰

动作说明：狮头下蹲用力蹬桩面，向上跃起，狮尾在狮头跃起的同时，狮尾两手把狮头后移至体前，狮尾两脚移至狮头桩面，狮尾成半蹲，狮头大腿紧夹狮尾腰部，左右脚相扣。

动作要点：狮头要点同上，狮尾上步要准、稳。

### （七）单桩钳腰

动作说明：狮头狮尾各占一根桩柱，动作同钳腰。

动作要点：狮头要点同上，狮尾站位一定要稳。

### （八）单桩占位钳腰

动作说明：狮头狮尾各占一根桩柱，动作同占位钳腰。

动作要点：狮头要点同上，狮尾把握好占位时机，上步并步衔接紧密。

### （九）上单腿

动作说明：狮头下蹲用力蹬桩面，向上跃起，狮尾在狮头跃起的同时，右脚移至狮头右脚桩面，成弓步，狮头下落，右脚（脚尖外展）站于狮尾右大腿上，左大腿成水平，小腿自然下垂。

动作要点：狮头下落时小腿可稍微弯曲，缓冲下落时的力量，左脚提起，放松脚踝。狮尾双手用力夹紧狮头腰部，用力托住狮头，使其缓慢下落。

### （十）180°转体上单腿

动作说明：狮头下蹲用力蹬桩面，向上跃起，狮尾在狮头跃起并左转的同时，左脚上移至狮头的右脚桩面，并以左脚为轴身体左转，右脚外摆至原来的左脚桩面，成弓步，此时狮头下落，右脚站于狮尾右大腿上，左大腿成水平，小腿自然下垂。

动作要点：狮头跃起并左转，将臀部贴于狮尾胸部；狮尾左脚占狮头原来右脚桩面，并以此为轴转动要快、准。双手托住狮头，使其保持垂直下落状态。

### （十一）两桩柱180°转体上单腿

动作说明：狮头狮尾各占一根桩柱，狮头用力蹬桩面向上跃起，狮尾在狮头跃起的同时，左脚上步占狮头桩面，并以左脚为轴在身体左转的同时外摆右脚至原桩面，成弓步，此时狮头下落，右脚站于狮尾右大腿上，左大腿成水平，小腿自然下垂。

动作要点：狮头垂直起跳，落腿时屈膝缓冲，切忌狮尾落位不稳情况下过早落腿；狮头必须用力夹紧狮头腰部，用力托住狮头，使其缓慢平稳下落。

### （十二）上双腿

动作说明：狮头下蹲用力蹬桩面，向上跃起，狮尾在狮头跃起的同时，双手把狮头稍后移，狮头下落，两脚（两脚脚尖内扣）站在狮尾的左右大腿上。

动作要点：狮头垂直起跳，站腿瞬间，两腿微曲，站稳后，两腿再伸直；狮尾夹紧狮头腰部，用托劲使其缓慢下落，下蹲屈膝缓冲狮头落脚力量。

### （十三）占位上双腿

动作说明：狮头下蹲两脚用力蹬桩面，向上跃起，狮尾在狮头跃起的同时，双脚移至狮头桩柱，呈半蹲姿势，狮头下落，两脚（两脚脚尖内扣）站在狮尾的左右大腿上。

动作要点：狮头要点同上；狮尾占位迅速，身体保持直立半蹲。

### （十四）180°转体占位上双腿

动作说明：狮头下蹲两脚用力蹬桩面，向上跃起，狮尾在狮头跃起的同时，左脚前移至狮头右脚桩面，并以左脚为轴，右腿随左转体外摆至狮头的左脚桩面，两腿成半蹲，跃起左转的狮头下落，两腿站在狮尾左右两大腿上。

动作要点：狮头狮尾要点同上。

### （十五）两桩柱180°转体占位上双腿

动作说明：狮头下蹲用力蹬桩面，向上跃起，狮尾在狮头跃起的同时把狮头举起，右脚上移至狮头桩面，以右脚为轴，左转体的同时左脚移至右脚位置并步成半蹲，狮头下落双腿站在狮尾两大腿上。

动作要点：狮头垂直起跳；狮尾上步占位要快、准，狮头下落时使用托劲。

### （十六）环回快走

动作说明：狮头以左脚为轴，左转体右脚外摆至狮尾左桩面，左脚前移至狮尾右桩面，与此同时，狮尾左脚上移至狮头右桩面，并以左脚为轴，右脚外摆至狮头左桩面。

动作要点：狮头狮尾上体稍前屈，狮头右脚外摆、左脚上步，狮尾左脚上步，右脚外摆要连贯协调，保持转体节奏。

### （十七）180°回头跳

动作说明：狮头下蹲用力蹬桩面，狮尾在狮头跃起的同时把狮头举起，左脚上移至狮头右脚桩面，并以左脚为轴，右脚随左转体外摆至狮头左桩面，狮头在空中左转体下落后，左脚占原狮尾的右桩面，右脚占原狮尾的左桩面。

动作要点：狮头垂直跳起，下落时收腿收脚，自然下落缓冲；狮尾上步转体要迅速，并控制好与狮头的距离，切忌给狮头施加自由落体的其他外力。

### （十八）两桩柱180°回头跳

动作说明：狮头下蹲用力蹬桩面，狮尾在狮头跃起的同时把狮头举起，右脚上移至狮头桩面，以右脚为轴左转体同时收回左脚成单桩并步；狮头在空中跃起左转体后双脚落于原狮尾桩面。

动作要点：狮头垂直跳起，下落时收腿收脚，自然下落缓冲；狮尾上步转体要迅速，并控制好与狮头的距离，切忌给狮头施加自由落体的其他外力。

# 第二节　北狮运动基本技术

## 一、狮头、狮尾的基本握法

### （一）狮头握法

根据狮头嘴巴的设计来确定狮头的握法（以洞穿把柄的铁丝来控制狮头嘴巴的张合为例）。

### （二）狮尾握法

#### 1. 双手扶位

狮尾队员双手虎口朝上，大拇指插入狮头腰带，四指并拢握住扶位狮头队员腰带。

#### 2. 单手扶位

狮尾队员单手扶位狮头队员腰带，另一手扶拉狮被或摇动尾巴。

3. 脱手扶位

狮尾队员双手松开狮头队员腰带，扶位狮被两侧下摆。

## 二、狮头基本手法

### （一）摇

双手扶头圈，双手交替做上下回旋动作。手的运动路线成圆。

### （二）点

双手扶头圈，身体向左侧回旋，与地面的倾角成45°，左右手的运动路线为上下交替运动，右侧动作与左侧动作相同，方向相反。

### （三）摆

双手扶头圈，上左步时狮头摆至左侧，中心放置左腿；行走时右侧动作与左侧动作相同，方向相反。

### （四）错

双手扶头圈，然后拉至狮头抽右侧做预摆动作，右手与右腰侧同时腰、臂齐发力，摆至于身体左侧，呈半马步，重心放置右腿。右侧动作与左侧动作相同，方向相反。

### （五）叼

一手扶头圈，另一手用小臂托头圈，手伸至狮嘴中央处拿绣球。

## 三、舞狮基本步法

### （一）行步

狮头、狮尾队员重心微蹲，迈步时狮头队员先迈左脚，狮尾队员同时迈右脚，节奏一致。

### （二）跑步

要求同行步相同，节奏要快。

### （三）盖步

狮头队员向右盖步，左脚经右前先向右跳扣步，同时右脚向右跳半步亮相，狮尾队员与狮头队员动作相同；向左盖步，动作相同，方向相反。

### （四）错步

狮头、狮尾队员同时向身后 45°斜后方向先左脚后右脚同时退步。

### （五）碎步

狮头、狮尾队员同时向左（或右）小步平移，节奏快速、一致。

### （六）颠步

狮头、狮尾队员按逆时针方向跳步行进，狮头队员迈左脚时，狮尾队员迈右脚，步法协调一致。

## 四、引狮员的基本动作

### （一）静态动作

静态动作是指引狮员的静止造型动作，例如弓步抱球、马步探球、仆步戏球、高虚步亮球、提膝亮球等。

1. 弓步抱球

动作说明：并步上举引狮球，左脚（或右脚）向左（或右）迈出一步，左脚（或右脚）屈膝，大腿接近水平，右脚（或左脚）挺膝伸直，脚尖稍内扣，上体稍向右转，双手（或单手）托住引狮球于身体左（或右）侧，稍高于头，目视前方。

动作要点：上体要求挺胸、立腰；抱球、转头同时完成。

2. 马步探球

动作说明：并步上举引狮球，左脚（或右脚）向左前方（或右前方）迈出呈半马步状，左手（或右手）拿引狮球向左、向下、向右抡臂至左侧，手腕做小绕环动作，右手（或左手）做相应的配合动作，目视引狮球。

动作要点：上体挺胸、立腰、不弓背；探球手腕要灵活自如。

3. 仆步戏球

动作说明：并步上举引狮球，左脚（或右脚）向左侧（或右侧）迈出呈左仆步状（或右仆步），右手（或左手）拿引狮球向下、向右划弧至右侧，手腕做小绕环动作，左手（或右手）做相应的配合动作，目视引狮球。

动作要点：仆步要求挺胸、立腰、散下沉；戏球手腕灵活自如。

### 4. 高虚步亮球

动作说明：并步上举引狮球，身体稍右转，右脚向右后侧撤一小步站直挺胸，同时左脚脚尖前点，右手拿引狮球上举于右侧，左手按于左胯处，上体保持正直，目视狮子。

动作要点：上体挺胸、立腰、不前倾；亮球与转头动作一气呵成。

### 5. 提膝亮球

动作说明：并步上举引狮球，身体稍右转，右脚向右后侧撤一小步站下挺胸，同时左脚上提膝至胸前，右手拿引狮球上举于右侧，左手按于左胯处，上体保持正直，目视狮子。

动作要点：上体挺胸、立腰，不前倾；亮相与转头动作一气呵成。

## （二）动态动作

动态动作是指引狮员行进间的动作或跳跃动作，例如圆场步、旋风脚、踺子、后手翻、后空翻、鱼跃等。

### 1. 圆场步

动作说明：两腿略屈，两脚迅速连续向侧前方行步。每步大小略比肩宽，走弧形路线。眼向前平视。

动作要点：挺胸、塌腰，保持半蹲姿势，身体重心要平稳，不要有起伏现象。落地时，重心由脚跟迅速过渡到全脚掌，并注意转腰。

### 2. 旋风脚

动作说明：左脚向左上步，同时左手向前、向上摆起，右臂伸直向后、向下摆动。右腿随即上步，脚尖内扣，准备蹬地踏跳。左臂向下摆动并屈肘收至右胸前，同时左臂向上、向前抢摆，上体向左转前俯。重心右移，右腿屈膝蹲地跳起，左腿提起向左上方摆体旋转一周，右腿做里合腿，左手在面前迎击右掌，左腿自然下垂。

动作要点：右腿做里合腿时，要贴近身体；摆动时，膝挺直，由外向里呈扇形；击响点要靠近面前。左腿外摆要舒展，并在击响的一瞬间离地腾空。初学时，左腿可自然下垂。当能够较熟练地完成腾空动作时，左腿逐渐摆高，屈膝或直腿收控于身体左侧；抡臂、踏跳、转体、里合右腿等环节要协调一致。身体的旋转不小于270°。

3. 踺子

动作说明：经助跑、起步后，上体侧转前压，两手体前依次撑地，随即两腿依次向后上蹬、摆。经倒立部位后，推地，并腿后踹。当前脚掌蹬地后，急速带臂，头向外，转体90°跳起。

动作要点：两脚摆过倒立部位后用力推地，两腿快速向后下压，使身体与地面呈45°～55°；跳起时急速立腰，并梗头、含胸、提气，两臂配合向前上方带。

4. 后手翻

动作说明："绷跳小翻"由两臂前举站立开始，体稍前屈，直膝，臀部后移。当失去重心时两脚蹬地，倒肩，两臂后甩，抬头挺胸，体后屈翻转。撑地经手倒立后，顶肩推手，屈髋，插腿，立腰起立。用于连续做后手翻。"绷跳小翻"开始时两腿弯曲，在向后甩臂的同时，两脚蹬跳。在经过手倒立后，迅速顶肩、推手、提腰、屈髋，两腿迅速下压。落地后，领臂跳起。用于连接空翻。

动作要点：甩臂，上体后倒，用力蹬地，挑腰，顶肩，后屈翻转；手前伸撑地，经倒立顶肩，推手，提腰，屈髋，至站立抬上体。

5. 后空翻

动作说明：站立开始，两臂预先后摆，然后经下向前上方领，配合两腿屈膝后蹬地跳起。腾空后提膝团身，抱腿向后翻转，至四分之三周时，两臂上举，展体落地呈站立姿态。

动作要点：两臂积极向上带起，提肩，梗头，含胸，立腰；在跳起接近最高点时两臂立即制动，迅速提膝，勒紧小腿，团身翻臀；至胸朝下时，迅速撤腿伸展抬上体。

6. 鱼跃

动作说明：助跑开始，以单跳双落蹬地向前上方跃起，展体腾空后，撑地屈体前滚至背着地时，顺势屈膝抱腿，呈蹲立姿态。

动作要点：跃起时，两臂须经前摆后向侧上方制动，并经展胸上抬，紧腰两腿后摆；下潜时，两臂积极向前下伸并抱紧腰腿；撑地后屈臂缓冲，顺势向前滚翻。

## 五、舞狮技术动作

### （一）形态动作

#### 1. 亮相（有两种）

动作说明：狮头队员呈偏右（或左）马步，使狮头由右（或左）下向上、向左（或右）下摆头；同时狮尾队员做左（或右）仆步配合。狮头下拉至狮头队员两腿间，使狮头由前下直接向右（或左）摆头，同时狮尾队员做右（或左）仆步配合。此种亮相干净利落，幅度小，但力度大，尽显威风。

动作要点：狮头队员摆头与狮尾队员仆步配合要同时到位，动作整齐一致。

易犯错误及纠正方法：狮被打折使之动作不一致，要求狮尾队员仆步配合时两臂要伸直使狮被无折。狮身笔挺，影响美观，要求狮头身体要稍前倾，避免站直。

#### 2. 卧势

动作说明：狮头队员两腿打开夹角呈90°坐势，大小腿夹角呈130°，吸气时使狮头由左下向右上、向前摆转；同时狮尾队员右手支撑地，左手一手拉扶狮头队员腰带呈侧倒姿势，随吸气动作左手肘关节慢慢向上抬起，使狮肚呈球状，呼气时狮头队员使狮头由右上向下、向左摆转；同时狮尾队员左手肘关节慢慢放下。

动作要求：呼气与吸气时，狮头队员与狮尾队员动作要缓慢一致。

易犯错误及纠正方法：头尾动作不一致，狮尾队员要根据狮头队员转头时腰部的转动配合完成，形成吸气时肚子鼓起，呼气时肚子凹陷。

#### 3. 高举（转体90°、180°）

动作说明：狮头队员一脚预抬给信号，两脚同时落地充分向上弹起，上跳，头稍向后领，躯干与下肢在空中呈"V"字形，两脚面绷平；狮尾队员在狮头队员原地上跳时借力上举，两臂伸直稍倾向后脑勺，下落时狮尾队员后撤步使狮头队员垂直下落，向左向右摆头亮相。

动作要点：头尾发力配合协调，动作舒展。

易犯错误及纠正方法：狮头下栽，要求狮头队员上跳时头向后仰明显。顶头狮，要求狮尾高举开始与结束时要梗头。

4. 侧滚翻

动作说明：狮头队员原地震脚给信号，狮头狮尾队员同时向左（或右）滚翻，滚翻时的着地顺序是：向左（或右）把重心降到足够低→左（右）小腿外侧着地→身体左（右）侧着地→依惯性翻滚起，狮尾队员滚翻时单手抓左（右）狮被。

动作要点：狮头队员原地震脚时，震左脚则向左翻，震右脚则向右翻，头尾滚翻配合协调、整齐。

易犯错误及纠正方法：滚翻动作不连贯，要求翻滚时狮尾队员迅速向左（或右）抓住狮被翻滚。

5. 金狮直立

动作说明：狮头队员原地挺直上跳，切勿翘臀，脚踝内扣，同时狮尾队员借力上提，使狮头队员脚踝内侧顺着两肋下滑至大腿髂骨窝处，呈马步支撑。

动作要求：起跳、上提要协调一致，马步支撑要平稳。

易犯错误及纠正方法：下滑掉地。狮头队员上跳时身体未挺直，脚踝内扣两肋下滑，狮尾队员马步要快速到位。

6. 金狮独立转体 180°

动作说明：金狮直立动作后，狮头队员在狮尾队员腿上做单腿提膝动作，同时狮头左右上下晃动。狮头队员动作保持不变，狮尾队员以支撑腿脚跟为轴，带动狮头队员原地转体 180°。

动作要点：提膝脚面要平，马步支撑要平稳；狮头队员动作要平稳，狮尾队员旋转要平稳，单腿支撑要稳固。

易犯错误及纠正方法：

（1）提膝速度慢

提膝时狮尾队员要拉转狮头队员腰带，使狮头队员重心快速移至单腿。

（2）旋转中下滑掉地

狮头队员支撑腿要蹬直，狮尾队员旋转要平稳。

7. 舔

动作说明：狮头队员半马步亮相，使狮头道具张嘴向肋部、大腿、前脚小腿三处自上而下分三次舔出；狮尾队员配合节奏左右晃动尾部。

动作要点：每次舔出时，要使狮头先低头向里，再向下、向前弧形舔出。

易犯错误及纠正方法：重心前后晃动。狮头队员半马步舔时，前腿蹬地使重心留在后腿。

8. 啃

动作说明：狮头队员半马步亮相，做完舔的动作后，把狮头处前腿甩到后腿方向，重心前移呈仆步，然后顺后腿脚面向上经大腿、肋部左右抖动 6～8 次，上拉；狮尾队员同时变仆步配合节奏左右晃动尾部。

动作要点：狮头队员做啃时，向上抖动幅度要小、节奏要快。

易犯错误及纠正方法：做啃时头尾折腰。狮尾队员要与狮头队员同时重心前移呈仆步。

9. 挠

动作说明：狮头队员做完舔尾动作后，拧腰转头使狮头后脑向斜下方，等狮尾队员抬起一只脚放在脑后时，同时摇头晃脚 4～6 次。

动作要点：头尾要协调一致。

易犯错误及纠正方法：摇头晃脚不一致。狮尾队员要根据狮头队员转头拧腰时腰部的转动做晃脚步动作。

10. 甩尾

动作说明：狮头正对低条案一角亮相（左脚在前），狮头队员右后回摆狮头，然后向左后甩头，接右里合腿扣至左腿外侧，落地后转腰拧胯带动狮尾队员左腿上步，起跳腾空落至狮头队员身后，亮相。

动作要点：头尾用力衔接要协调一致。

## （二）神态动作

楞相、美相、惊相、怕相、急相。

### 1. 楞相

动作说明：双手扶于头圈，拉狮头面向身体做轻微预摆，然后由斜上 45 度方向摆至身体左侧，动作幅度要小。

### 2. 美相

动作说明：双手扶于头圈，使狮头做上下回旋，身体要协调配合。

### 3. 惊相

动作说明：双手扶于头圈，右手先拉狮头于右肩侧，然后顺势向左下摆头亮相。

### 4. 怕相

动作说明：双手扶于头圈，两手腕内收，提至狮嘴下，向下做轻微回旋动作，然后从右下至上将头慢慢抬起。

### 5. 急相

动作说明：双手扶于头圈，做前后交替回拉动作，随之双脚与狮尾队员同时做急速震脚动作，震脚动作要低、快。

# 第三节　舞狮运动动作创编的原则

## 一、科学性原则

### （一）合理的运动负荷

整套动作的编排首先要考虑运动员所承受的运动负荷要适中，不能过量。只有负荷适中才有表现的欲望，才能保质保量地完成动作。

### （二）良好的结构编排

在编排成套动作时，第一，难度动作必须考虑三种类型（动态表现动作类、静态表现动作类、连接表现动作类）动作的有机搭配，做到动静结合、刚柔相济。此外，动作的选择要与音乐和成套风格相一致，要注重动作的形象美与内涵美。

第二，动作的结构与风格要具有创造性和独特性。整套动作编排要突出"主题"，贯穿情节，以达到高潮起伏、与众不同、令人难忘的效果。

### 二、娱乐性原则

舞狮的最大特点是欢乐、喜庆。因此，在编排动作时要选择趣味性强的动作，体现出欢腾活跃的状态，展现出民族特色，并配以悠扬、和谐、欢快的音乐，给人以强劲、兴奋、喜悦的感受。

### 三、健身性原则

舞狮是一项集武术、技巧、舞蹈和仿生表演艺术于一体的体育运动项目，对表演者能起到调节身心、锻炼意志、增进体能与全面提高身体素质的作用。但在动作编排时应注意动作搭配，动静有机结合，合理安排运动量，这样既有助于锻炼身体，又不会给身体造成局部伤害。

### 四、针对性原则

根据各种不同对象的特点，如队员的训练水平、训练时期、训练条件等因素来分别对待，有目的、有选择地安排动作。

## 第四节　舞狮自选套路创编思路

为促进舞狮运动的快速发展，进一步提高人们对"舞狮"的欣赏能力和审美情趣，笔者根据舞狮的民族文化特性，从美学的角度对舞狮自选套路的动作编排技巧、动作难度的选择与创新、套路与音乐搭配等方面的要素进行探讨。

### 一、舞狮的文化意蕴

"狮"是人们喜爱的传统吉祥神物，它充满力量，形态俊美，是活力、尊贵和无所畏惧的象征，同时也是中华民族勤劳、勇敢、智慧的象征。

### 二、舞狮的艺术特征

在我国，舞狮是一项历史悠久且具有独特民族风格的民间传统娱乐活动。它集武术、舞蹈、技巧、刺绣、绘画和音乐等艺术于一体，通过两人协同配合，巧妙地模仿狮的各种形态动作来表情达意，形成了舞狮独特的美学魅力，反映出东方古典艺术的神韵。

### 三、舞狮自选套路创编的技巧及美学要素

要创编舞狮自选套路，就要善于根据比赛任务、对象特点、发展潮流，从美学的角度出发，对成套动作有一个整体构思。

#### （一）单个动作选择与编排设计的动态和组合美

单个动作是成套动作的组成部分，单个动作的美直接关系套路的整体美。因此，舞狮套路出现了不同结构和不同难度的动作，无论是动态的表演，还是静态的造型，都要考虑动作美，也就是动作形态要美，动作神态也要美。可采用一些技巧性强、难度系数高、有一定惊险和刺激性的动作为主体结构，同时选择一些难度系数不大、趣味性强且效果好、连接巧妙、有丰富表现力的动作来作为衬托。在动作的设计上，应采取"动""静"相间、刚柔并济、虚实变化的策略来加强对比度，对于起伏较大的动作做多层次、多方位地转变与协调。同时注意狮与引狮员之间的紧密配合，使空间结构充实饱满，给人留下特有的瞬间雕塑般的造型美及变化过程中的动态美、韵律流畅美。

当然，动作难度要根据运动员自身的素质能力来合理选择。选择的动作要保证运动员能够轻松自如地完成，自我创新动作应符合北狮运动的特征，具有观赏价值和发展前景。

#### （二）成套动作设计的结构与情境美

##### 1. 动作的有机搭配

必须考虑三种类型（动态表现动作类、静态表现动作类、连接表现动作类）动作的有机搭配。另外，动作的选择要与音乐和成套风格相一致，要注重动作的形象美与内涵美，还要吸收中国古典美学中的"气势""神韵""意境""刚柔"等独特要素，实现人与自然的和谐统一，从而形成北狮的结构美与情节美。总的来说，整套动作的设计应达到让人回味无穷的效果。

##### 2. 成套动作编排突出"主题"

成套动作编排要突出"主题"，贯穿情节，高潮起伏，与众不同，令人难忘。

这就要求成套动作的结构与风格必须具有创造性和独特性。在动作的组合设计、音乐的选择与配合方面要体现创意。高潮的安排也要恰当、合理，高潮出现的时机与分量的轻重会直接影响表演或比赛效果。一般可以采用几个难度动作连续衔接，使套路高潮迭起，给人一种震撼美。

3. 整套动作要充分运用三维空间

（1）充分利用场地

设计成套动作路线时要根据动作的结构来安排，要充分、合理、均衡地使用场地，使动作路线富于变化，以使成套动作更显活力。另外还要注意平面的扩展与立体效果的结合，使成套动作产生引人入胜的神奇效果。

（2）合理支配时间

龙狮竞赛规则中规定北狮比赛时间为8～10分钟，因此在进行套路编排时既要考虑完成难度动作的数量，又要严格控制时间，使套路内容更丰富、运动形式更优美。

（3）善于改进和运用器材

"器材"是直接影响北狮的表演与竞赛效果的因素之一，包括北狮的道具、服饰等。北狮的桩阵、高台等器材的改进，要符合情节的需要并具有现代艺术的感染力，使舞狮动作更具神威。服装的款式和色调要与器材布置相协调，既要能体现出民族特色，亮丽美观，又要有利于动作的完成，产生美的效果。

## 四、舞狮自选套路结构艺术的美学手法

### （一）舞狮套路动作衔接浑然一体

实现舞狮的每一套动作在结构编排上更流畅、新颖、高潮迭起并具有娱乐性、独特性、观赏性、教育性，是舞狮发展、创新、求美的重要条件。单个动作的美仅是形态固定的表现，动作的连接方式不同，表演的整体效果就不同。舞狮作为一项民族传统体育活动，它的动作连接既讲究流畅，又符合"狮"运动自身的规律与传统中"狮"的生活规律。

### （二）舞狮套路动作结构风格别致

舞狮运动要根据运动员的整体素质来编排成套动作，设计适宜的风格。如

果队员的身体素质较好，则编排一些难度系数大、动作数量多、节奏紧凑、动力性连接动作多、高潮不断的套路动作，展示瞬间美、变化中的过程美及技术娴熟美的享受。相反，如果队员身体素质一般，就应以优美舒展的动作为主，结合鲜明的层次以及"动"和"静"的变化来显示动作线条的伸展流畅，从而展现狮的韵味，使成套动作如诗如画般给人以美的感受与回味。一套圆满的舞狮自选套路编排应该是技术规范、动作流畅、造型巧妙、风格别致的，是能够充分展现狮的精、气、神、韵以及"狮"所象征的中华民族奋发向上的精神风貌的。

## 五、舞狮自选套路的配乐韵律美

### （一）音乐的选择

音乐是舞狮的灵魂，能强化动作的表现，烘托全套动作的气氛和感染力，同时又能控制动作的快慢变化。音乐的选择要符合舞狮的民族特点及规则要求。要根据运动员的专业素养、表现能力及舞狮的动作特点等，选择合适的音乐，体现其艺术性与趣味性。例如，舞狮动作欢快时，用唢呐吹奏，显示其有气魄；走场时以大鼓和小锣伴奏，节奏轻松平和；表演激烈时配乐激扬、热情，并根据套路的变化改变音乐的强弱。

### （二）音乐旋律与动作的协调性

舞狮动作的音乐旋律可以不断变化，但要根据动作体现音乐的强弱变化，音乐随着动作的一起一伏、一快一慢、一静一动而相应变化、层次清楚、快慢鲜明、结构严谨。舞狮运动的节奏主要是通过狮头摆动和狮身晃动的频率来调节的，其动作的韵律美主要来自动作的多样变化与打击乐节拍变化的有机结合，从而产生轻重、强弱、激昂、顿挫等丰富的韵律美感，体现动作的气势，给人一种神奇的力量，从而使人获得心灵上的快感与精神上的升华。

### （三）音乐与动作完美整合

音乐要突出一个"美"字。旋律优美，所奏音乐有吸引力和感召力；气势优美，所奏音乐有自己的打击风格，打击乐器干脆利落，起止突然，看起来有气势，听起来有声势；结构新颖，要有出人意料的变化结构，能给裁判和观众焕然一新的感觉，从而吸引人们来欣赏美、鉴赏美；节奏分明，快慢对比和强弱起伏鲜明，能将运动员和观众的情绪同时推向高潮，获得一种快慰和喜悦的美感。而这一切都必须建立在音乐完整、动作完美和谐的基础上。

综上所述，舞狮由中国传统的民俗活动发展成现代体育竞赛项目，其运动风格独特，蕴含着丰富的民族文化。从美学的角度来探讨创编北狮自选套路的基本要素，把握好单个动作的选择与组合动作的编排，讲求动作结构的艺术手法与音乐搭配技巧，强调多种角度的设计与美的追求，提出既重视难度动作的选择与创新，又重视提高运动员的理解力、表现力及整体素质，才能实现北狮自选套路的完美艺术价值。

## 六、舞狮表演类型套路的编排方法

舞狮表演类型的节目特色是喜庆、热闹；时间不受限制，表演场地不确定；可根据实际情境来设计节目主题。

### （一）喜庆、热闹是第一要素

编排动作一定要有热闹气氛，根据自身的条件和实际情况，尽可能地扩大场面。例如在广场表演，可采取群狮表演或狮、龙同场表演，引狮员可一个人上场，也可两个或多个人上场，动作设计要多运用集体动作，欢快地跑动，走队形变化和组合造型。另外，根据情节的需要，可添加一些横幅标语来突出主题。音乐伴奏最好运用节奏欢快的电子打击乐（包括民乐、吹管乐、锣鼓乐器等综合演奏曲），再加上音响设备，以达到良好的演出效果。

### （二）表演时间不受限制

作为独立专场表演项目的舞狮时间应稍长，一般为20～30分钟，而作为穿插的表演节目时间则较短，一般为5～6分钟。专场节目的编排应选择一些强度不大　又能取乐的神态动作与情态动作，例如引狮员戏耍狮子的动作、狮子戏球、狮子挠痒、双狮互斗、群狮造型等。穿插的舞狮节目因时间短，编排的动作应节奏紧凑并且技巧性较强。

### （三）表演场地要因地制宜

在进行编排套路之前，首先要了解表演的场地。场地的宽窄、地面的平整度以及空间的高度等，要做到心中有数，以便根据各种不同的情况来设计编排方案。比如，在场地开阔的文化广场表演，设计动作就要豪放、有气势，场景要大，人、狮要多，动作穿插要快，造型组合要美。而在小的场地表演，如舞台、街道口等，动作编排就要紧凑而有条理。可组织双狮和一引狮员表演，多安排一些技巧难度动作，并让其依次轮换演练。在表演时使用现场打击乐伴奏，能营造热闹气氛。

# 第六章　民俗体育课程与国学教育

## 第一节　民俗体育课程的概念及其本质

### 一、概念界定

学界对民俗体育实现课程化规范教学的呼声有所提高，但是对于什么是民俗体育课程，则见仁见智，意见不一。由于对民俗体育课程的讨论在基本概念的界定上呈现出一种极为粗犷的态度，所以当前文献整体上就给人一种大而概之的感觉，容易造成如下在课程论高度上的错误认知：凡民俗体育之内容皆可以为课程；凡民俗体育课程适宜开展的学习人群并无年龄、认知发展等方面的分界。实际上，这种笼统的民俗体育课程观念及其所导致的谬论在学界是广泛存在的，概念的含混导致当前民俗体育课程理论具有前置性逻辑缺陷，这很容易产生概念上的游移现象，在现实的教育操作层面则会衍生出更多问题。事实上，对民俗体育课程概念的界定是一项比较严肃且被忽视的基础理论工作，理论界不应该回避这个问题，而应该给予足够审慎地考虑与论证。

民俗体育课程的定义，首先应当从其课程属性切入来探讨它的概念范畴。由于民俗体育并不必然等同于民俗体育课程，所以民俗体育与课程之间有一个指称的概念范畴上的差距。同理，国学并不必然等同于国学课程，国学课程也不等同于国学教育，如果考虑国学课程与国学教育的一干元素，则会构成更为复杂的讨论。因此，有关国学教育中的民俗体育课程的讨论，宜从原子式的概念入手来构建概念体系，这也是本章研究所遵循的一个基本方法。

国内在民俗体育学领域进行概念界定的常规研究方法，是对诸如"民俗体育"之类概念进行词汇上模块解构的方式，分别讨论各个词汇自身的文化含义及其词源学基础，通过整合各模块的相互关联，联系历史语境，完成对单个概念的定义。概念的内涵就是对事物的特有属性的反映。然而，在对民俗体育课程资源的讨论中，概念集群的建构是由"民俗体育＋体育课程资源"的研究解构开始的，这样绕过"民俗体育课程"概念的方法，虽然给研究带来了便利，但是却给明确民俗体育课程这一关键概念的属性造成极大障碍。另外，当前国内民俗体育课程研究的文献，选择了某种带有"存在即合理"色彩的现实主义研究视角，认为当前以民俗体育为教育内容在各级教育机构开设的课程形式可以直接拿来叫作民俗体育课程，殊不知，这是一种研究上的误区。

从理论逻辑来说，民俗体育课程概念的外延就是具体的、具有该概念所反映的特有属性的那些课程，而反映该属性的课程必然体现对课程本质、课程基础、课程设计、课程实施、课程实验、课程评价、课程发展与课程改革等严格的规定性，这种规定性也必然有别于其他课程的规定性。

民俗体育课程是一个体系化的概念范畴，从形式逻辑的基本原理出发，对其定义涉及四个方面的内在规定性：外延构造的同质与重合；定义要避免语义无效循环；定义要清晰，一目了然，避免语义跳跃与语义含混；定义所统摄的下位概念要体现合理的逻辑关联。

综上所述，民俗体育课程，就是民俗体育以科目化方式，将自身所承载和蕴含的知识、技能、经验、活动投放到课堂教学过程中，通过现代教育的途径实现民俗体育文化的在校普及、传承与发展的教学活动。由课程论的一般规律出发，笔者认为，民俗体育课程在课程基础上有别于其他科目的学科课程，其课程设计的基本模式也应当符合课程基础的设置规律，但无法直接套用其他课程的设计理念。民俗体育课程的课程实施必然有自身的逻辑顺序。从宏观课程体系的建构，到中观课程单元的编订，再到微观民俗体育课程结构的设置，直至相应的教材编写，必须体现民俗体育课程的本质属性。要把握什么是民俗体育课程，需要从其课程属性与课程理论基础入手。

## 二、民俗体育课程属性的本质之辨

课程是一个使用广泛而又具有多重含义的术语，对于不同的人，在不同的情境里，课程可能意味着不同的事情。

概括而言，当前对课程概念的定位基于六种认识论基础：①课程即教学科目；②课程即有计划的教学活动；③课程即预期的学习结果；④课程即学习经验；⑤课程即文化再生产；⑥课程即社会改造的过程。由此可以看出，课程定义的分歧是一种客观存在，而现代教育系统中，一般意义上对课程的理解应该是对上述内容的系统归纳后的理解。想要厘清民俗体育课程概念的首要问题，难点不在于归纳它是不是课程，而是在于它若成为课程，应当遵循何种理论定位。

为了实现更为精确的定位，宜从国学教育背景出发，具体来看民俗体育课程。民俗体育课程既是一门民俗学科的课程，也是一门体育学科的课程，然而从字面理解来分析，"教授民俗内容的体育课程"与"教授民俗体育内容的课程"显然有不同的课程定位，这种语义上的分歧在教育实践中不可能进行无差别对待。当然，这里并不存在非此即彼的逻辑判断，也就是说，民俗体育课程本身所具有的教育功能的可能性完全可以在上述两种理解上实现有条件的融汇。通常情况下，民俗体育课程作为校本课程，可以作为一个有机部分被纳入国学教育体系，也完全可以通过体育课程的形式来实现，其在课程实施的环节上并没有障碍。从学理上讲，任何一门课程所特指的核心语境是由概念构成中的语义重心所决定的，非体育课程与体育课程所强调的重点不同，课程的功能与组织形式、教授技术与学习过程特征也存在显著差异，并且要考虑学习的内容与学习者认知发展水平、动作技能发展水平、身体机能发展水平的阶段性特征。所以，笔者将民俗体育课程的本质属性界定如下：

①民俗体育课程在宏观类别上属于国学教育的体系范畴。

②民俗体育课程的教育实践本质上是身体文化范畴的教育活动。

③民俗体育课程的课堂教学的基本属性是一种体育教学。

# 第二节　民俗体育与民族传统体育在国学教育中的功能互补性

就我们对于传统体育文化的认识而言，最能代表我国传统体育文化的无非是民俗体育和民族传统体育两种表现形式。通常意义上，我们总是认为民俗体育与民族传统体育之间具有不可逾越的鸿沟，民俗体育仅仅代表了"草根文化"，登不上大雅之堂；而民族传统体育作为民族文化唯一的传承体系，其血统纯正，承载了中华民族的优秀文化基因，两者在国学教育中的地位与作用是不可同日而语的。然而，现实是学生对在国学教育中开设的民俗体育课程参与热情要高于民族传统体育课程，那么国学课程能否打破传统认识的桎梏，将民俗体育课程纳入其中，作为弘扬我国传统体育文化的载体呢？这就需要我们围绕民俗体育与民族传统体育在国学教育中的功能互补性展开相关研究，揭示民俗体育与民族传统体育之间的深层联系。

## 一、表征与内涵的教育功能互补性

表征与内涵的功能互补性是民俗体育和民族传统体育在国学教育中的重要互补关系。所谓表征，就是指信息或知识在心理活动中的表现和记载的方式。表征是外部事物在心理活动中的内部再现，它一方面反映客观事物，代表客观事物，另一方面又是心理活动进一步加工的对象。内涵通常指其所反映的事物的本质属性的总和。也就是说，表征一般"主外"，内涵"主里"。任何事物都是由表征和内涵两个部分构成的，民俗体育和民族传统体育也不例外。民俗体育的表征是借助形形色色的民俗和体育运动项目的结合予以表现的，这点很容易理解。但是表征还具有另一层含义，即"心理活动进一步加工的对象"，这往往会被人们忽视，但又是客观存在的。民俗体育的这种种表现形式最终会被参与人群进一步加工，这种加工过程和结果往往不尽相同，但是总会达成一个普遍的共识，即"发生在身边的民俗体育是属于我们自己的体育运动"。民俗体育的内涵则紧紧围绕其重要的表征特征——民俗性展开，同时又融合体育运动的特征，形成具有自身特色，并且形成带有极强针对性的民俗体育内涵。民族传统体育的表征与内涵也大致如此，但是需要注意的是民族传统体育的表征的获取是经过甄别的，并不是所有的民族性的体育运动项目都可以成为民族传统体育项目。在甄别民族传统体育的表征时，它更加注重心理活动的加工，民族传统体育运动项目必须是具有普适性的、能够代表整个民族特征的体育项目。同样，民族传统体育文化的内涵也必须是一种广泛的、具有代表性的文化特征，它是对于诸多民俗体育文化的一种高度概括和提炼，是作为人类一种优秀的文化遗产予以保留的。民俗体育和民族传统体育本是两个相对独立的系统。但是长期以来，在民众对二者进行心理加工的过程中，往往会认为对于民俗体育而言，其教育的表征意义要大于内涵意义，因此在国学教育中比较受欢迎；而对民族传统体育则恰恰相反，认为其教育内涵意义要远远重要于表征意义，这就为二者之间的互补性奠定了重要基础。两种关系图谱在其教育功能意义的不同层面发挥了各自的文化互补性，这是因为尽管这两者各自具有独立的"表征—内涵"体系，但是当它们真正发挥作用时，却往往形成一种"强强联手"的态势，各自借用对方的优势，最大限度地发挥自身的功能。

## 二、文化传承的教育功能互补性

民俗体育和民族传统体育共同担负起传承民族优秀文化的重任，并且在传承过程中各自扮演不同的角色，发挥文化互补的教育功能。

涉及二者之间的文化传承的教育互补功能，我们不妨从汉语"文化"的词义构成来解读。"文化"是中国语言系统中较早存在的词汇。从字面含义来看，"文"一般是指纹理，"化"则代表变易、生成、造化等。而"文"与"化"并用，构成"文化"这一范畴。

文化的字义解释恰恰印证了民俗体育和民族传统体育之间强烈的教育功能互补关系。民族传统体育代表了"文"，民俗体育更倾向于"化"。民族传统体育代表的是民族的传统体育文化，它需要将众多文化特性一一理顺，高度概括综合成本民族的体育文化，因此民族传统体育讲究的是"天文"（自然规律）和"人文"（社会伦理），注重的是一种"教化"作用，这点在我国封建社会表现得尤为明显。比较典型的是汉族体育文化，其主要特征之一是"重养""喜静"，这种文化特征是通过汉族传统体育项目武术表现出来的，"天文"之道通过"天人合一"的精神予以体现，而尊长爱幼、相互谦让则通过众多的武术礼仪予以体现，因此民族传统体育就成为中华民族文化的一种符号象征，成为传承民族文化的重要手段。而民俗体育文化则与民族传统体育文化所遵循的模式恰恰相反，它更加注重"化"，也就是生成民族体育文化。民俗体育运动项目强烈的生活性特征，导致民俗体育文化时刻发生变化。民俗体育运动项目包罗万象，它不像民族体育文化那样具有固定的模式，而是始终处于动荡的变革中，从未停止过（直到现在），从这点上看，民俗体育文化更像一个巨大的搅拌机，将众多文化元素放置在一起，最终使其成为一种特殊的材质，提供给民族传统体育文化养分。由此可以看出，离开民俗体育文化的文化生成功能，民族传统体育文化就成了无源之水，自然就会干涸；而离开民族传统体育文化对于规律的把握功能，民俗体育文化也终将"没有规矩不成方圆"。两者在民族文化传承的教育功能方面是相互依赖、互为补充的，它们之间表现出一种"唇亡齿寒"的关系。

### 三、民俗体育与民族传统体育——互为补充的国学教育载体

民俗体育和民族传统体育之间的功能互补性一经确立，我们就必须为二者找到一条内在的逻辑主线，这种逻辑主线除了传统西方哲学语境中的"逻各斯"之外，还应包括两者之间的一种发展轨迹。两者之间的发展轨迹可能千差万别，但是也存在共性，即两者都是基于民族文化教育功能的自主演化。无论是民俗体育还是民族传统体育都是民族体育文化教育功能的重要"发源地"和民族文化的有效载体，两者发展的直接推动力正是民族文化。也正是由于它们能够生成、传承民族文化，所以才具有相同的教育功能体现。但是民俗体育和民族传统体育的发展却经历了完全不同的两种历程。民俗体育最直接产生于民众的生产劳作（这种产生往往是主动的），因此它与民众生活具有亲缘性，这使它与民众之间减少了隔阂。但是，民俗体育也存在一个非常致命的缺陷，即在民俗体育文化最初生成时无法甄别、加工，这就增加了其在国学教育中功能甄别的难度，因此我们在选择民俗体育运动项目时需要格外注意。而民族传统体育则恰恰相反，它在民族传统体育文化生成时首先具备的就是甄别功能（这种甄别往往是被动的），它就像一个巨大的筛子，将民族文化中的糟粕一一清除，只保留最优秀的文化因子，然后开始提炼加工，使之凝结成优秀文化结晶。

## 第三节　民俗体育的现代化与现代化的国学教育

现代化是当今社会的主旋律，也是我们无法避免的命题。民俗体育与国学教育都会面临现代化问题，如何将两者有机地融合在一起是我们迫切需要解决的问题之一。

## 一、民俗体育的现代化：以三门球运动为例

### （一）三门球运动的基本情况

三门球运动是指在圆形的场地上等距离放置三个相同规格的球门，并让三个队同场竞技，用手将球射入另两方球门的一项集体性球类运动。

三门球正式比赛的球场直径为33米。每场比赛有3个队参加，每队出场5名球员。比赛前每队基础分为80分。在规定时间内可将球向场上任何方向传、递、拍、滚、投或持球跑动，目的是将球射入其他两方球门，使其他两方扣分，设法使本方加分，并阻止其他两方获得球或射门。比赛时间结束时，分数多的队为胜。

三门球比赛的球门用金属材料或合成材料制成，球门后安装白色球网。球门上面一部分为梯形，梯形高0.9米，上底长1米，下底长2.1米；下面一部分为长方形，长2.1米，高0.9米。学生使用的球门，上面一部分梯形高0.8米，上底长0.9米，下底长1.8米；下面一部分为长方形，长1.8米，高0.8米。球门框由直径6厘米的坚固圆柱材料制成。球门上方横梁正中分别安装长1米、高15厘米的红、绿、黄标志牌，红、绿、黄标志牌应按顺时针方向设置。

比赛采用截角正三棱锥体球，棱长10厘米，顶部为弧形，用皮革或橡胶制成，可以充气，重量不少于250克、不多于300克。初中生使用的球棱长9厘米，重量不少于240克、不多于260克。小学生使用的球棱长8厘米，重量不多于220克、不少于200克。

每两球门之间界线中点外2米处设一高1.60米的分界旗，旗杆由直径2厘米的白色圆柱材料制成。分界旗为等腰三角形，长60厘米，高30厘米，由硬质塑料制成，以高为界分为两种颜色。在红、绿两球门间为红、绿色；在绿、黄两球门间为绿、黄色；在黄、红两球门间为黄、红色。

比赛分为三节，每节10分钟，每两节之间休息5分钟。

比赛前每队基本分为80分。比赛时间内，进攻队射中某防守队球门，防守的两队各扣1分；进攻队先射中某防守队球门，后又射中另一防守队球门，则该进攻队加2分计入比赛分数；防守队球员抱住进攻队持球球员，造成该球员5秒违例，则该进攻队扣1分；某队发生球队技术犯规，则第一次扣2分，第二

次扣 4 分。比赛时间结束时，分数多的队为胜。若两队或三队分数相等，则加分多的队为胜；仍相等，则扣分少的队为胜；若仍相等，则通过罚球确定胜负。

## （二）民俗符号的添加

想要对民俗体育的现代化进行讨论，首先必须了解民俗文化的现代化，因为民俗文化的现代化问题是我们讨论和认识民俗体育现代化的基点，也是民俗体育能否进一步得以发扬光大的归宿。

一系列研究表明，民俗文化的现代化是由民俗文化的传承性和变异性所决定的。

所谓变异性，是因为民俗始终是一个民族历史上流传下来的群体文化事务，即社会文化经历、人文情感、社会价值观、社会思想与文化符号传统，而这些文化事务对于每一个时代都不一样，人们往往从自身社会生活的经历和精神利益出发，根据社会变革和发展中的需求不断地完善和创新一些内容，在不知不觉中改变一些民俗的形式或内容，使之与他们的时代或生活相适应。所以，变乃是民俗文化传承中的一种规律。

变异是民俗文化发展的动力。民俗文化本来就是由民众创造和享受的。这种创造、享受绝不会放弃对新鲜文化的吸纳，更不会放弃现代化带来的便利。从某种意义上讲，它所体现的是民众思想观念的变化。

事实正是如此，传统文化是在不断创造中形成的，又是在不断创造中被突破和创新而走向现代的。在这一过程中，滞后的文化总要被先进的文化所取代，古老的传统总会在现代竞争中被刷新。

三门球因其极具特点的外形与传统的端午民俗相契合，而使得它可以作为一种特写的符号被列入端午民俗节日，一方面给传统节日平添了一点新鲜的内容，另一方面使三门球运动真正体现出本土的文化价值。

## （三）三门球运动的双重价值

对于极富本土文化价值的三门球运动，除了作为民俗文化的一种形式和符号之外，更为重要的价值是以一种新鲜、生动的形式体现中国传统文化的一些精髓。

事实上，新兴的、原创性的三门球运动在研发初期的内在的文化价值并不是一种自觉的过程，而是随着这项运动的广泛应用才不断地显现出它的文化独特性。

它的主要的文化独特性表现在以下两个方面：

第一，它用一种典型的东方游戏方式，向世人展现中国体育文化的创造精神。中华民族是一个充满创造精神的民族，这一点可以从中国几千年的发展史以及四大发明中得到充分地证明。在体育领域，中国人创造了围棋、象棋以及中华武术等运动，这些运动至今还在社会生活中发挥着积极作用。而三门球作为当今世界独一无二的三方对抗的集体性球类运动，之所以能在现代文化丰富、样式繁多的游戏活动中光彩夺目，正是因为蕴含在三门球三方对抗中的那种鲜明个性、变幻莫测以及生生不息的进取精神与创造意识。

这种创造精神使每一个参与者在运动中不过多地依赖高精尖的技术和体能，只要拥有一腔热情和勇气、了解和掌握基本规则，就可以自由挥洒、乐此不疲、释放自我。

第二，它用一种趣味盎然的球类运动形式，向世界生动地演绎中国文化精髓。中国文化精髓追求的是人类社会的良性竞争、有效合作和共同发展。这种理想和追求，恰好在契合中国传统文化的三门球运动中得到了生动展现。因为三门球运动的对抗始终强调和追求的是与对手在合作与竞争中获得乐趣，在角色频繁转换的博弈中获得启迪与感悟，在激烈的对抗和转换中获得彼此的利益。

作为一项形式独特的球类运动，三门球所具有的民族文化个性，使得这项运动真正拥有符合社会要求和时代特点的文化价值和教育功能，尤其是它与传统文化教育存在一定的互补性，更使得这项运动站在了民族文化的高地。时至今日，三门球运动能为国学教育提供一种新型的教育方式，着实令人感到自豪，也着实让人感到责任重大。

三门球对于国学教育真的具有一定的互补性，或者说真的能作为一种有效的手段而起到传统国学教育方法无法起到的作用吗？这是一个值得我们深入研究和探讨的难题。

三门球与传统国学教育方式的互补性，主要体现在以下几个方面。

第一，通过现代教育资源的挖掘，丰富国学教育的内容。独特的球类运动方式是对以武术为代表的其他民族民间体育类型的生动补充。

武术运动是我国博大精深的国学体系中一个重要方面。它通过人的肢体运动将人的内在心智与外在自然相统一，并通过内外观照和互动达到身心共修的目的。

随着三门球运动的日渐成熟和被越来越多的老师和学生所认识，它开始进入学生的学习和生活，成为身体活动的重要内容，这就让广大学生能够从多角度更好地感受、体悟和锻炼自己的德行与修养。

第二，通过不同教育方式的互动，促进国学教育的多样性和生动性。传统的国学教育方式主要是诵读经典以及棋琴书画和武艺的习练，这之中缺少的是集体性，即社会化的活动内容，而现代教育更多的是强化人的社会性，强调个体的人与社会的融合。运用三门球这一社会化教育活动，可以促进不同教育方式的互动，既能增加人们接受国学教育的手段和感悟德行的途径，又能使传统教育更加多样和生动。

第三，通过三门球这一运动文化教育，积极探索"以行化文"的国学教育新路子。国学教育更多的是以静修炼，然而，国学教育方式追求的悟道并不是唯一的。对于不同的教育对象，尤其是广大青少年学生，过多地采用静态的悟的方式，并不一定能让他们对国学产生浓厚的兴趣；相反，运用运动文化教育的方式，让他们既能在静态的条件下潜心阅读研修问道，又能在身体的运动中触摸传统文化的另类性格，感悟传统文化带给他们内在的精神力量。因此，积极探索"以行化文"的方式成为体育文化教育的一项新使命，具有积极的社会价值和现实意义。

## 二、三门球课程与国学教育

### （一）三门球课程应用于国学教育的目的和任务

三门球课程应用于国学教育，完全取决于国学教育的任务与目的，而国学教育的本质就是人的教育。因此，道德养成、人格塑造以及民俗文化传承是三门球课程的落脚点和归宿。

### 1.道德养成

国学根本上是教人如何做人、如何安身立命。国学经典中蕴含的传统美德，在潜移默化中塑造孩子们的人格、提升孩子们的素养。例如孝亲敬长、诚实守信、谦恭有礼等。同时，灿烂的文明也能使孩子们更加热爱自己的祖国，培养和塑造出具有民族意识、经世致用的下一代。三门球运动要求对抗的三方恪守合作防守、尊重对手、相融与共、对抗双赢的基本运动规范和社会道德，这就为道德的养成教育提供了新的手段和新的途径。

### 2.人格塑造

塑造好的人格是当代国学教育最主要的目的。人格是一个人相对稳定、具有独特倾向性的心理特征的总和，是人的社会自我的外在表现。人格包含人的六个方面的行为特质：智能的特质、意志的特质、感情的特质、应付环境的特质、感受社会影响的特质、品格的特质。这六种特质的完满统一是学校教育应该追求的目标。

随着人们对教育不断重视，人们对学生的人格、心理健康的关注程度日益提高。现代社会需要具有现代人格的公民，而塑造学生健全人格的一种策略就是巧借学科育人。学生保持良好心境的最有效方法就是让他们宣泄自己的情绪。三门球作为一种运动教育的手段与方法，能够使学生的情绪得到一定的宣泄，从而摆脱消极的心理体验，始终保持活泼、开朗、稳定、充满朝气的良好心境。

### 3.国民教育

要建立创新型国家，首先必须振兴中国自己的文化传统。中国人靠什么走向世界？中国人的精神文化中包含着几千年来与外来文化的融合内容，中国文化是变动的文化。但中国之为中国，中国文化之为中国文化，一定有自己内在的东西，有其主导性与主体性的常道。因此，进行国学教育的重点是培养全体学生的国民意识和社会责任，以及学生对国家与民族大任的自觉担当。三门球运动课程充分利用自身的运动文化特质，一方面传承民族文化的思想与学术精髓，坚守中国式球类运动在现代体育中的一面旗帜，另一方面通过新兴的运动方式，不断强化每一个参与者的社会责任感，努力为实现国学教育任务与目的而服务。

### （二）三门球教学与国学教育的对接方式

三门球作为一项球类运动和一种运动教育手段，其与国学教育的对接绝不是将三门球课程变成一种贴标签式的教育，而应该是极具指向性和实用性的运动教育手段。

因此，将三门球教学与国学教育进行有力地对接，首先应该将不同学段的学生，即不同教育对象实施的国学教育目标和运动教育目标相融合，并在目标的引领下形成相应的教材体系，进而通过不同的教学主题和内容完成相应的国学教育任务与要求。

这方面的探索与实践才刚刚开始，笔者以三门球文化教育学者提出的教学目标为例：

①知晓三门球与传统文化有一定的联系，知道三门球是端午节新的民俗符号，象征健康、竞争与交往。

②了解三门球运动中的三方之间是一种互相关爱、互相促进、奋勇进取的密切合作关系。

③知道并掌握三门球的礼仪礼规，在三者活动之间建立一种自然、流畅的团结协作精神和创新意识。

④通过自主积极的学习，使自身的运动能力得到提升、体育文化素养得到确立，并将运动中逐步形成的道德修养迁移于日常生活。

依据上述对基本目标的阐述，教师在三门球教学中实施国学教育的实践就有了基本的指导，与国学教育的对接也就有了契合点。

从现实的运动教育实践来看，三门球与国学教育的对接方式方法主要有以下两种：

第一，传统的教学渗透法。这种方法为更多的教学者所接受和运用。渗透法的特点是运动教材本身没有完整的国学教育的内容体系和目标体系，而是教师在教学过程中，注意选择一定的教材，并在课程的设计中有意识地融入一些国学教育元素，在课堂教学中有所应用和体现。

第二，建构相对完整的运动文化目标体系，以及包括国学内容在内的教学内容体系，使教师的运动教学在目标、内容等各个教学环节形成鲜明的运动文化教育特点，将运动技术技能和项目文化教育紧密结合，进而形成一种新的教学模式和方法，利用这个模式和方法，有计划、有目的、系统而积极主动地进行传统文化和国学教育。

事实上，第二种对接方式更值得我们花大气力加以研究，例如从运动文化教育的角度看，为什么现代体育教育中作为传统文化（国学内容的武术），从价值到功能都是民族文化宝库中一颗璀璨的明珠，在我们的体育教材体系中也一直占有足够的分量，可在实际教学中始终不尽如人意，没有收到理想的效果？这不得不让我们从教材的文化结构、教学模式、方法体系等多个方面进行反思和探讨。

我们主张在运动教育中注意渗透式教育的同时，也要结合运动文化教育理念和教学模式，选择更多能够体现传统文化价值的教材，构建能够直接进行运动文化教育的教材体系，这无论是对于中国特色体育的促进和发展以及我国教育的初衷，都具有十分重要而现实的意义。

### （三）运动教育的几大主题

运动教育主题的确立和划分是研究和推进实际教学的技术手段。

通过对三门球运动的文化解析，笔者将国学运动文化教育分为四大主题：一是独特的端午民俗主题，即我们的节日；二是道德主题，即道德的力量；三是生活主题，即生活的智慧；四是博弈主题，即竞技的谋略。

这四大主题教育足以彰显三门球独特的运动价值以及蕴含于其中的文化价值。这四大主题所建构起来的教育目标体系和教材内容体系更是它区别于其他任何一项集体性球类运动的根本所在和独特之处。

# 第七章　民俗体育的资源开发

## 第一节　民俗体育课程资源开发

### 一、民俗体育课程资源的构成

基于国内的专家、学者对课程资源概念的界定，结合民俗体育的民间性、民俗性、全民性、健身娱乐性等特征以及学校课程资源开发和使用的便利性，笔者把民俗体育课程资源归纳为五类：自然资源、人力资源、项目资源、设施资源、信息资源。自然资源主要包括地形、地貌、地势、气候、二十四节气等；人力资源主要指教师、学生、学校管理人员、教辅人员、民间艺人、社区指导员等；项目资源是指在群众中广泛开展的各类民俗体育项目；设施资源包括校内外民俗体育运动的场地、器材、道具、装饰品等；信息资源主要指多媒体化、网络化、交互化的以网络技术为载体开发的校内外资源。在信息化技术运用的背景下，"传统＋创新"的资源开发模式将不断产生新的课程资源素材，继续丰富、充实民俗体育课程资源的内容体系。

### 二、民俗体育课程资源开发的现实意义

#### （一）新世纪教育改革与发展、课程改革与发展的需要

民俗体育课程资源是典型的地方课程资源类型。对民俗体育课程资源进行开发，并将民俗体育课程资源纳入学校课程资源的管理体系，是贯彻落实文件精神的直接体现，也是民俗体育课程资源现代化发展的必然趋势和有效途径。民俗体育通过学校教育进行传承和传播，能够弥补国家规定的课程和学校课程的不足，丰富和充实学校的民俗体育课程资源，有利于"增强课程对地方、学校及学生的适应性"，是对学生进行传统教育的具体方式之一。

　　我国各级各类学校应该及时抓住教育和课程改革与发展的机遇，把握"国家、地方、学校二级课程管理"的机会，大力开发包括民俗体育资源在内的地方特色课程资源，丰富通识课程教学资源。开发、实施民俗体育课程资源，把民俗体育课程资源融入学校的体育教学，能够增强体育教学的娱乐性、趣味性和健身功能，让学生走近民俗体育。学生在了解、学习、掌握一定的民俗体育内容的过程中能够切身感受到本地域的民俗、民风、民情，利于学生形成正确的传统文化意识，认识到我国地域文化、传统文化发展存在的困境和面临的机遇，从而以身作则，自觉对传统文化进行传承、保护。同时，当外界环境发生变化时努力创造机会、把握机遇，在文化发展的交流和冲突中积极维护我国优秀传统文化发展的良好环境。总之，将民俗体育纳入地方课程资源，在学校教育中进行普及并形成规模，能有效推进学生的素质教育和推动体育课改的顺利进行，实现"国家、地方、学校三级课程"协同发展局面。

### （二）开拓民俗多元文化教育的渠道

　　多元文化是指在人类社会越来越复杂、信息流通越来越发达的情况下，文化的更新转型日益加快，各种文化的发展均面临着不同的机遇和挑战，新的文化层出不穷。现代复杂的社会结构必然需要各种不同类型的文化服务于社会的发展。这些文化服务于社会的发展，并造就了文化的多元化，即复杂社会背景下的多元文化。

　　全国各地的学校是年青一代成长的摇篮，是进行文化传授和推动文化发展与传播的中坚力量，也是促进文化繁荣与昌盛的重要阵地。学生在学校接受教育的时期，是现代文化、民族文化、民俗文化等多元文化帮助学生在成长中形成文化观念、价值观念、生活观念的关键时期，有利于学生塑造传统的、朴素的品性。学校的文化教育是青少年学生成长成才的内在需要。把民俗体育文化纳入学校文化教育内容体系，可拓宽学生的文化视野，帮助学生了解年画、皮影、剪纸等经典民间民俗文化艺术以及与民众的生产、生活、风尚习俗有关的多种民俗事象。

### （三）民俗体育课程资源开发能推动民俗体育的健康发展

　　民俗体育因其具有地方特色、民间民俗性、丰富多样性而成为课程资源开发的重点之一。要对民俗体育课程资源进行开发并引入学校的体育教育中，首先，要对当地的民俗体育项目进行挖掘、整理，以认识、了解资源的全貌；其次，要根据学校具体的人力、物力、财力等情况，对民俗体育项目进行选择、编写，便于课程资源的顺利实施；最后，针对实践中存在的问题，进行思考、调研，重新调整实施方案，实现资源利用最优化。

通过体育课堂教学、课外体育活动、特色项目社团活动、学校体育竞赛、校园体育文化节等多种途径，把民俗体育课程传授给学生，改变学生对民俗体育的陌生状态。对民俗体育项目的传承与发展来说，这无疑是一股无形的推动力量。在我国广大农村地区，师资力量、基础设施等条件相对都比较差，因地制宜开发具有地方特色的民俗体育项目是农村地区学校体育校本课程建设的重要策略，是农村地区体育教育可持续发展的有效途径，对改善农村地区的体育教学效果、提高农村体育的教学质量具有重要作用。

民俗体育课程资源的开发在客观上与当代社会发展、教育发展相适应，与现代文明发展相协调，既保持着浓郁的民族特色，又体现着新时代的气质。在学校开展民俗体育教学，不仅提高学生的身体素质，也弘扬我国的民俗文化。一批批年轻人在接受民族文化熏陶的同时，树立起民族自信心和自豪感，这对增强民族凝聚力起到了推动作用。民俗体育可以走入学校，也可以走入家庭。民俗体育通过家庭体育方式，达到"从群众中来到群众中去"、服务群众健身娱乐的目的，使各项民俗体育项目再次进入人们的日常生活中，繁荣和发展我国的民俗体育事业。因此，从宏观角度看，民俗体育课程资源的开发架起了社会体育、学校体育、家庭体育的协同发展的桥梁，壮大了民俗体育传承、发展的规模，推动民俗体育健康发展。

## （四）民俗体育引进课堂有利于体育课程目标的达成

体育课程目标体系包括运动参与、运动技能、身体健康、心理健康和社会适应五个目标领域，其总体目标是增强体质、增进健康、提高体育素养，在培养学生运动兴趣和健康理念的基础上，提高学生的实践运动能力，强调通过情绪体验发展个性。体育课程目标是通过体育课堂教学的实践行为而实现的，把民俗体育项目引入课堂教学，能够加快体育课程目标的实现：第一，民俗体育内容丰富、多样，活动形式灵活多变，趣味性、娱乐性较强，很多项目虽然难度不大，但运动强度不小，能吸引学生积极参与其中，实现学生的预期目标；第二，每一项民俗体育项目都有基本的知识和理论体系，学生通过学习，了解其文化内涵，对于构建学生的知识体系和拓展学生的知识面很有帮助，也是学习、掌握运动技能的前提条件，在知识、技能的传授中实现教学的知识类目标、技能类目标；第三，民俗体育具有较高的美育功能，其审美价值主要体现在内容美、形式美、氛围美、和谐美等方面。人们在参加或观赏民俗体育活动时，不仅能获得视觉美的享受，还能获得动作力度美、幅度美、造型美等的体验。这些富有情趣的声、形、色、象诸要素结合起来就构成了民俗体育活动独特的审美价值。学生经过长时间的练习，既能塑造美的气质，又能在优美的舞姿、欢快的乐曲声中获得运动的快感和良好的审美体验，从而实现体育教育的审美目标。

体育教育的最终目的是培养学生养成坚持锻炼的习惯，仅仅依靠课堂教学时间，学生的终身体育观念是难以形成的，所以必须利用课余时间加强技术、技能的学习与运用。有些民俗体育项目能培养学生勇猛、果敢、坚毅的素质与品质，如踩高跷能锻炼学生强健的体魄；花鼓舞、采茶舞能带给学生欢快、愉悦的运动体验，改善学生的心理状态，使他们克服心理障碍，养成积极乐观的生活态度，享受运动的乐趣。还有一些团体性民俗体育项目，如舞龙，需要团队成员之间默契合作才能完成表演，这对培养学生良好的体育道德品质和合作精神、促进的学生个性化发展、规范学生的社会行为都有重要作用。这些运动不仅能使学生养成良好的行为习惯、形成健康的生活方式，还能提高学生的综合能力和社会适应能力，从而实现学校体育课程的目标体系。

### （五）民俗体育资源开发是新时期民俗体育创新发展的内在需要

当代社会的快速发展、社会结构的变化、社会流动性的增强等特征改变了传统农业社会人们以血缘关系、地缘关系而结合在一起的社会关系。原生态的自然资源不断萎缩，导致很多民俗体育项目生存空间越来越小、对广大民众的日常生活的影响日渐减弱。很多项目处于边缘化发展态势甚至面临失传的危机。如何加强对民俗体育及其文化的保护，让民俗体育及其文化得到有效传承与创新发展，永葆我国民俗体育及其文化的活力，是我国民俗体育在现代化、全球化背景下亟待解决的难题。民俗体育课程资源的开发是调集各地区、各学校的人力资源，对本地区的民俗体育项目进行挖掘、整理并引入学校教育中，使民俗体育走上科学化、规范化、普及化的发展道路，让学生通过正规的教育形式接触、参与民俗体育的学习与锻炼，达到民俗体育逐渐与现代体育并行发展的目的。舞龙项目本是民间广泛开展的民俗项目，现在已经被广泛引进大中专院校的体育课教学中，与篮球、排球、足球等现代体育项目一样在学校开展起来。学校培养了大批民俗体育的传承人，使民俗体育再次呈现出强劲的发展态势。现今，舞龙运动经过完善与规范化发展，已经进入世界竞技体育赛场，引起全世界的关注，使民俗体育迈出国门走上国际化发展的成功之路。可见，民俗体育走进学校是民俗体育创新发展的路径之一。

我国的民族音乐、民族舞蹈、中国画、中草药已经成功走出国门、走在世界的前列，我国在世界艺术、药业领域的地位越来越高。我国劳动人民在劳动、生活中创造的民俗体育是我国物质文化、精神文化财富的凝练，也应该走出国门、走向世界，向全世界展示我国的文化特色与底蕴，显示我国民族文化的自强与自信。

民俗体育课程资源的开发意味着通过学校教育等正规化教育途径，不仅可以培养优秀的民俗体育后备人才，还可以遴选出热爱我国民俗体育事业的杰出人才。这对繁荣、发展民俗体育事业，推动民俗体育事业走向世界，促进民俗体育与各项体育项目的和谐发展都极为有利。因此，民俗体育课程资源的开发对传承和弘扬中华民族优秀传统文化具有深远的意义，更是新时期民俗体育创新发展的内在需要。

## 三、民俗体育课程资源开发的原则

原则是行事所依据的准则。对于学校教育的课程来说，在教育目标已经确定的情况下，课程资源开发的目的必须符合课程教育目标，民俗体育课程资源的开发也要在既定的目标准则下进行。民俗体育课程资源的开发应遵循教育性原则、因地制宜原则、兴趣性原则、实践性原则和共享性原则。

### （一）教育性原则

民俗体育课程资源的开发是在我国教育改革的大背景下践行改革的实际行

动，符合国家教育政策，以丰富、多样的地方课程资源培养全面发展的人才为导向。因此，培养人才的课程资源首先要符合教育性原则，才能确保学生树立正确的世界观、人生观、价值观、道德观。民俗体育课程的教育性体现在以"健康第一"为指导思想，以身体素质教育为基本途径，在传授学生体育知识、技能的基础上，让学生体验到地方民风民俗的淳朴与亲切，使学生在民俗体育活动中享受生活的乐趣。通过民俗体育项目教学，学生会保持爱国爱家情怀，热爱和弘扬我国的传统文化。

### （二）因地制宜原则

民俗体育的地域性、民俗性、民族性是其固有的特色，"十里不同风，百里不同俗"是我国民风民俗多样性的真实写照。我国民族众多、地域辽阔、地形复杂、气候多样，因而形成了各具特色的民俗体育项目，其活动内容和形式存在很大差异，如水上项目与骑射项目就是我国南北方地区民俗体育项目存在明显差异的活动形式。在特殊的气候环境、地理环境下开发民俗体育项目，必须遵循因地制宜的原则，才能使开发的项目具有可行性、实用性以及推广价值。所以，我国民俗体育资源的开发和利用不应千篇一律，而应从实际出发，利用地域优势资源，发挥课程资源的实效性，才能达到培养人才、开拓课程资源的目的。

### （三）兴趣性原则

兴趣是最好的老师，运动兴趣是激发学生运动热情、保持运动行为的内在动力，也是影响学生自主学习和坚持体育锻炼的重要因素。民俗体育本身娱乐性较强，有很好的群众基础。但要注意的是，在把民俗体育引入正规化的课堂教学中时，其娱乐性应以高雅的娱乐为主，因此应该选择内容健康、生活气息浓厚的民俗体育项目进行教学，让学生感受民间活动浓厚情感的同时，集中精力获得知识和技能，发展个人兴趣，再通过集体性合作，发展社会兴趣。兴趣是一种无形的动力，民俗体育课程资源要想获得可持续开发就必须坚持兴趣性原则。

## （四）实践性原则

实践性是马克思主义哲学最重要的特点和理论品质，在整个马克思主义哲学体系中，实践是贯穿始终的一条中心主线。在具体的教育教学中，实践教学是实现能力教育的一个重要支撑点，实践为学生提供了认知对象。学生通过民俗体育实践教学环节，认识到民俗体育的内容、形式、内涵、意义；认识到民俗体育对我国社会的生产、生活发展的促进作用；认识到民俗体育在人与人、人与自然、人与社会和谐发展中的实质和关键作用。因此，在民俗体育课程的开发过程中坚持实践性原则，能培养学生认识客观世界的能力，具有认识论意义和世界观意义。

## （五）共享性原则

"共享"是当今社会的流行语，是经济领域的核心理念，"共享"强调物品的使用权，而非所有权。在教育领域，网络已是获取知识的常规渠道，学生可以通过网络在线上线下分享知识，在民俗体育课程资源开发领域，需要开发的内容很多，工作量大且细节烦琐，单凭个人、个别学校的努力很难达到理想效果，"共享"方式的运用就显示出资源开发者的集体智慧与威力。各地方的特色资源的开发只是其中的一项或少部分，但成功开发的资源通过网络平台、区域间交流、校际交流等形式相互学习、取长补短，就形成了丰富的教学资源。然后由一些民俗体育教育者、爱好者整理成册，民俗体育教科书就成形了。通过共享，因师资不足而难开展民俗体育的困境得到了缓解，民俗体育课程资源开发的重复性、盲目性以及由此带来的浪费有所减少。因此，民俗体育课程资源的开发坚持共享性原则，对民俗体育课程的建设、教学、科研等都有较大的促进作用，对学生学习效率的提高和社会发展等也有较大的带动作用。

# 四、民俗体育课程资源开发的策略

## （一）按事物发展规律逐步把民俗体育纳入学校的体育教育

在我国教育改革的大背景下，民俗体育因其自身的优越性已被引入学校的体育教育中，但若想普及开展依然存在很多现实困难，其在人力、物力、财力等方面均不尽如人意。事物的发展需要一个过程，一切事物只有经过一定的过程才能实现自身的稳定发展。从事物发展的三阶段规律（初级阶段、发展阶段、高级阶段）来看，我国目前的民俗体育进入课堂教学内容体系仍属于教育改革的初级阶段，是各种民俗体育课程要素从整合到形成相对稳定的发展状态的时期，不稳定、不确定因素依然很多，需要教育者坚定改革的信念不动摇，继续开发课程资源，并在实践中不断运用、修改和完善。

民俗体育已进入学校教育并步入常态化发展，这是体育课程建设、发展的必然趋势，只是仍然需要政府、学校、民间组织多方投入资金，继续完善教学条件，培养民俗体育教育人才，坚决执行相关措施，只有这样，民俗体育课程各要素才能达到协同开展的良好状态，民俗体育课堂教学才能逐渐稳定下来。要想实现这一目标，教育者要坚持改革的决心不动摇，不畏困难，继续发挥"摸着石头过河"的决心和勇气，将课程改革推向深入。民俗体育被纳入学校教育发展的高级阶段（发达阶段），是各要素高度协同、稳健、快速的发展时期，是教育改革、体育课程资源开发的终极目标。面对这一美好愿望，教育改革的任务重、困难多，我们要有必胜的信念，坚持把民俗体育纳入学校体育教育的改革行动不动摇。借鉴国外以学校为媒介完成民族传统传承的成功经验，如日本的柔道、韩国的跆拳道、英国的足球和橄榄球，使我国民俗体育通过学校教育形式实现民俗体育由原始体育形态走向规范化、科学化、普及化的现代教育形态。我国的民俗体育课程资源开发、利用、发展是一个渐进的过程，因此，我们要坚定信念，将课程改革坚持到底。

## （二）民俗体育教学内容的选择要符合活动主体人的身心发展规律

学校是传播体育文化的摇篮，接受体育教育是每个学生的权利和义务。在学生成长的不同阶段，体育教育的目标也不尽相同。学生参与体育活动的目的是获得身心健康，所以选择教学内容时首先要考虑教学对象的实际状况，如年龄、身体发育水平、身体素质、身体素质的邻近发展区，以便教学内容在实施过程中能与学生的身体、精神、心理、体能、技能、意志等方面的发展相吻合，满足学生在体育活动中提高运动能力等素质的愿望。

## （三）多元化、多途径解决民俗体育师资供求矛盾

民族传统体育专业是新设立的本科教育专业，为体育学的二级学科，并设

有三个教育方向：武术、传统养生体育、民间民俗体育。其目标是"培养德、智、体全面发展的，具备民族传统体育教学、训练、科研、健康指导基本知识与技能的，能从事武术、传统养生体育以及民间民俗体育工作的专门人才"。

教师是最有价值的课程资源，在一定程度上决定着课程资源的开发程度。民俗体育师资的供求矛盾是普遍存在的，也是民俗体育教育发展中突出的制约因素。因此，我们有必要建立现有体育教师的再教育培训机制，不仅要从数量上扩大教师队伍，而且要在质量上提升教师的能力，使他们在教育实践中具有民俗体育的知识和技能。体育教师的培训机制要灵活，方式要多元化，可以采用"请进来""送出去""内部交流""区域间交流"等多种方式，例如，采用进修、短期培训班、学术会议、集体研讨、备课、说课、观摩会、专家报告和讲座等多种形式进行，使培养的教师在民俗体育的教学上游刃有余，使民俗体育教育走上常规化、可持续发展道路。

### （四）编写民俗体育教材以便推广民俗体育教育成果

教材又称课本，是依据课程标准编制的、系统反映学科内容的教学用书，是教学内容的重要载体，是学生学习知识的基本依据。民俗体育正处于引入课堂教学的初始阶段，各学校因地制宜地选择部分项目，根据自身条件设计可行的大纲进行教学。有的项目可被不同的学校采纳为教学内容。这种"各自为政"的现象在一定程度上确实能体现民俗体育课程资源开发的灵活性，但也体现出重复研究、人力资源浪费、信息不流通的弊端，不符合信息时代知识快速传播的特性。因此，已开发成功的民俗体育项目资源应该编写成教材，并把教材快速推广到各所学校，实现正规化教学。正在开发的民俗体育项目是教材编写的重点部分，工作量大，任务艰巨，开展的难度也相当大。教育部门应重视此事，组织各校体育部门商讨、研究相关事宜，分解、落实教材撰写任务，再由学校组织一批体育教师、传统体育专家开展田间调研、拜访民间艺人、收集素材等工作，然后进行适当改编，特别注意要妥善处理教材的思想性与科学性、知识和技能的广度与深度、原始特色与现代竞技元素和谐融合，才能使其成为具有民俗特色、地域特色、现代韵味的民俗体育教材。民俗体育教材编写成功不仅能够促进教育改革的深入开展，壮大民俗体育教学的实力，而且也可使各级各类学校"普惠式"共享教材，带给教学的公平机遇，缓解师资力量落后学校的教学困境。因此，民俗体育教材的编写势在必行，此举不仅能稳固民俗体育在学校教育中的地位，也有利于培养具有家国情怀的新时代人才。

# 第二节　民俗体育文化与全民健身

全民健身运动发展到今天，已经不是纯锻炼意义上的活动，而是与社会文明、社会文化紧密地联系在一起的活动。因此，现代竞技体育项目已经不能满足人们的需求，而民俗体育传承着中华传统文化，在民间一路走来累积了有深厚的群众基础。随着全民健身运动热情的高涨，民俗体育更能满足大众的体育需求，成为全民健身运动的重要内容，对全民健身运动的开展具有积极意义，反过来，全民健身运动的开展也促进了民俗体育的开发。

## 一、全民健身计划下，当代民俗体育发展的契机

### （一）民俗体育在全民健身中的独特优势

自古以来，民俗体育就具有深厚的群众基础。集竞技性、观赏性、参与性于一体的民俗体育经过上千年的发展演变，如今赛龙舟、舞龙舞狮等一些具有代表性的民俗体育项目已经跨出国门走向世界，受到世界人民的普遍欢迎。民俗体育具有娱乐性、群众性、传统性、多样性、灵活性等特点，无须专门的运动场所，随处可见的丰富的户外资源成为我国休闲娱乐体育的"天然运动场"。因此，民俗体育的开发为人们开展休闲体育提供了广阔的天地。民俗体育以丰富的娱乐项目、对场地、器材的要求较低以适合不同年龄阶段人群的参与等优势，满足了人们进行休闲娱乐活动的多重需要。开发民俗体育对减轻国家体育投资、壮大群众体育队伍、促进全民健身计划的实施具有重要意义。民俗体育将其独特的魅力展现于世人面前，尤其是经济实用、操作简便等特点与全民健身运动融合具有得天独厚的优势。

### （二）民俗体育迎合了休闲时代人们追求自我完善的需要

大众体育在全球范围内的普遍开展已成为一种必然趋势，休闲也成为这个

时代的重要特征之一。实行市场经济体制以来，我国城乡居民的人均收入持续增长，在体育娱乐方面的消费逐年增加。体育旅游和自驾车游将成为家庭消费的新热点。更重要的是，随着闲暇时间的增多以及生活水平的提高，人们的健康观念发生了很大转变，对追求身心健康、自我完善的愿望越发迫切和强烈。在现代社会中，竞争日趋激烈，工作、学习、生活等各方面的压力不断地困扰着人们，使人们承受着巨大的心理压力，长此以往，许多人都存在不同程度的抑郁倾向。民俗体育在娱乐、保健等方面的优势逐步显现，迎来了休闲时代的新的发展契机。

### （三）民俗体育是构建和谐社会的需要

我国和谐社会的构建是指为人们建立一个良好的生存环境，实现人与人、人与自然及人自身的和谐统一。民俗体育强调的是对人身心的关注，是实现人的自我完善的一种渠道，与构建和谐社会的理念具有高度一致性，在构建和谐社会中发挥着不可替代的作用。群众体育工作关系整个国民的体质、日常工作、生活质量，更影响下一代人的健康水平，群众体育已被世界各国纳入政府议事日程。因此，体育事业的发展水平成为衡量一个国家综合国力及社会和谐程度的重要指标，群众体育在构建和谐社会中起着极其重要的作用。我国民俗体育以其独特的功能为群众体育健身提供项目来源、人文关怀等，对和谐社会的构建起着直接或间接的促进作用。

## 二、民俗体育与全民健身的融合

### （一）民俗体育在实施全民健身计划中的作用

#### 1. 现阶段的民俗体育

随着休闲时代的到来，人们的余暇时间增多，生活质量得到提高，促使体育需求逐步向主体发展。但是，现代竞技体育只能满足人们"竞争"的本能，却不能满足"高竞争"背后的高质量情感调节的需求，因为这种"调节体育"具有情感色彩，是舒、缓、柔、静、情的多元组合，与竞技体育的激烈性和刺激性是相矛盾的。这就决定了中国民俗体育在实施全民健身计划中具有现代竞技体育无法替代的地位与作用。它蕴含着中国深厚的传统文化意蕴，本身就具有自我修复、自我调整、自我保健、自我娱乐与自我发展的功能，集健身、娱乐、治疗、预防疾病功能于一体。我国民俗体育是各民族在不同的历史文化条件下创造并发展起来的。我国人口众多，人口结构层次十分复杂，具体表现为年龄层次、职业以及地域、经济条件、风俗习惯等的千差万别，因此不同地区形成不同的民俗体育项目，在各自地域的不同条件下流行。民俗体育之所以在全民健身计划中具有不可替代的作用，是因为它根植于我国的传统文化思想，具备易于普及与推广和男女老少皆宜的特点，加上民俗体育的活动量和运动难易程度便于自行掌握，因而更容易为广大人民群众所接受。总之，民俗体育以众多的项目、风格各异的特点为我国群众所喜闻乐见，为全民健身运动提供了丰富的活动内容。

### 2. 民族传统体育自身特性与全民健身的需要

我国民俗体育项目具有强身健体、修身养性、休闲娱乐等多种独特功能。例如，拥有上千年历史的舞龙舞狮，在现代走上了国际化发展坦途，国际性的大赛层出不穷，享誉国内外。它集观赏性、竞技性、娱乐性等于一体并且有深厚的文化底蕴，不仅是动作技能与身体素质、意志力的锻炼，更是对民族传统文化的体现，也是人们增进情感、培养积极进取精神的有利渠道。民俗体育以其普适性、消遣性与游戏性的活动方式，迎合了大众健身的需要，作为增强体质、增进健康的新型运动形式融入人们的娱乐活动。

民俗体育的健身价值是由民俗体育的各类活动的基本属性和早期民族各项活动较多依靠自然力的特点所决定的，是时代不断发展、人们健身需求不断增长的结果。虽然说人类已进入休闲时代，但是当前"文明病"频发，在日常生活、工作中，身体活动越来越少。所以，追求身体素质的改善与体质的完善就成为人们的选择，民俗体育将以独特的健身功能在满足人类健身需求方面发挥更大的作用。这也是民俗体育开发的一个重要原因。

### 3. 民俗体育文化为大众体育参与提供人文关怀

民俗体育根植于民族传统文化的沃土，是中国传统文化历史变迁的重要载体，并且受其影响形成含蓄深邃、朴质内向的理念。中华民俗体育提倡的人文关怀的思想理念，更好地契合了"更干净、更人性、更团结"的奥林匹克新格言，并以实现人与人、人与自然和谐统一为最终目标。

## （二）全民健身计划对民俗体育的推动作用

### 1. 传承优秀民族传统文化

为弘扬民族传统体育文化、丰富世界现代体育宝库资源及推动全民健身活动的开展，民俗体育的价值得到重新审视和开发。全民健身计划旨在增强群众体质、提高人们健康水平，它为民俗体育的发展创造了机遇。各种民俗运动项目在全民健身活动中得到广泛开展，越来越多的人领略到其中的文化底蕴，不但能够丰富人们的民族体育理论知识，而且能够进一步传播和弘扬民族传统文化。

### 2. 促进体育学术研究

在全民健身活动的推动下，民俗体育理论与应用研究得到加强。随着民俗体育学科的建立，它的文化内涵将进一步被人们挖掘，并形成丰富的知识体系，从而成为一门系统化、专业化学科。民俗体育项目在健身、娱乐等方面体现出独特的价值，其理论、应用研究势必得到进一步加强。随着我国全民健身热潮的高涨，有关民族传统体育的重点研究课题逐渐增多，各界专家、学者都将对民俗体育的有关课题进行重点研究，他们将共同推动民俗体育学科的进一步发展。

### 3. 使民俗体育项目成为学校体育教学的新宠

随着全球多元一体化趋势的推进，东方各国的传统文化普遍受到西方文化的强烈冲击，而瑜伽与柔道等一些传统体育项目并未在西方体育冲击的浪潮中被遗弃，反而得到迅速发展，其中的原因就是坚持继承与发扬并重的原则，将与现代不符的元素舍弃，在保持瑜伽与柔道、相扑的古朴风貌的同时又融入时代特色。近年来，现代流行的西方体育与东方传统的柔道、跆拳道都在国内学校得到普及，为推向国际奠定了基础。鉴于此，在全民健身计划实施过程中要关注青少年的锻炼项目，使更多民俗体育项目纳入各级各类学校体育教学成为可能。

### 4. 新型体育运动项目的培育

在历史发展过程中，作为一种文化载体的民俗体育也并不都是优秀的文化遗产，随着社会的发展与进步，其不合时代和某些糟粕的东西会日益显现。所以，在新的历史条件下，某些过时的文化色彩将被抛弃，取而代之的是吸收一些新元素来丰富其内涵的文化，为其进一步融入大众健身奠定基础。由此观之，在民俗体育与大众健身的融合过程中，全民健身在促进民俗体育得以普及的同时，也对某些民俗体育项目的改造起到了推动作用。但是这种改造并不是摒弃其民族情感与风俗习惯，而是在尊重民族意愿的基础上，将其改造成既保留古朴的民族风韵与特色又满足现代社会需要的更加适合人体运动规律的项目。其改造的方法是根据大众的需要，以一种或多种民俗体育为素材，坚持简单实用原则，重新整合一项或多项民俗体育以满足广大群众健身娱乐的需求。

# 第三节　　民俗体育文化资源的开发

## 一、民俗体育资源开发的方向

为我国民俗体育的发展注入现代性、科学性、竞技性及增加其附加价值，是民俗体育资源开发的根本目标。

### （一）民俗体育的竞技性

为了更加适应现代社会发展的需要，应加速对民俗体育活动的改革创新，增强民俗体育的健身价值、娱乐价值以及易行性和竞技性。

就民俗体育的竞技性而言，可借鉴现代体育的法规、规则等，在民俗体育的内容、结构、程度等方面做适当修改，使民俗体育在现代体育竞技性的指引下更加适应社会发展的需要。

### （二）民俗体育的现代性

民俗体育是在古代政治、经济、文化、社会等背景下形成、发展、传承，并在民间得到充分普及的体育文化项目，但民俗体育文化也有其存在与发展的局限性。推动我国民俗体育向现代化的方向发展是弘扬我国民族文化的重要部分，也是实现体育的现代化与本土化的实践问题。要想使我国的民俗体育向外推广传播并被其他地区、国家、种族的人们所接受，就必须赋予民俗体育较强的娱乐审美性和现代性吸引力。只有重视发掘我国民俗体育的娱乐性和审美价值、增强民俗体育的现代性和吸引力,并对民俗体育的内容和组织形式不断除旧、革新、拓展以展现出其活力和生机,才能使民俗体育为世界各国人民所接受和喜爱,最终使民俗体育的现代化发展模式对我国传统文化的开发起到积极的推动作用。

### (三)民俗体育的科学性

对民俗体育进行深入的理论研究,是当前传承和发展民俗体育的重要任务。开发民俗体育资源就是要剔除其不科学、迷信的成分,弘扬其积极的、健康向上的成分。

只有不断加强民俗体育的理论研究,培养人民群众的体育意识和锻炼习惯,发扬适用于全民健身、终身体育为主要内容的民俗体育,运用社会学、经济学、运动医学等学科从辩证的角度加深对民俗体育的研究,建立健全民俗体育理论体系,优化民俗体育的内容、丰富民俗体育的组织形式,才能使民俗体育的发展在科学理论的指导下,符合人民大众和社会的需要。

## 二、民俗体育资源开发的途径

### (一)加强理论研究

目前,开发民俗体育亟须理论指导和民俗体育专业人才的培养。高素质的民俗体育研究人员或教学人员是科学开发民俗体育的基础。

国家应组织专门的研究机构对具有特色的民俗体育进行挖掘整理、著书立说,形成文字材料或电子资料,从而加强对我国优秀民俗体育,尤其是濒临失传的优秀民俗体育的保护。加强民俗体育的理论研究,一方面可以丰富我国体育文化的内涵,使民俗体育的相关知识、技术、技能等和竞技体育、学校体育一样,得到扩大、提高和充实;另一方面可以丰富民俗体育的内容和形式,丰富我国体育文化的内涵,推动中华民族优秀的传统体育文化在国际上的交流与推广。

### (二)加强宣传引导

要发展民俗体育特色、弘扬民俗体育精神、普及民俗体育文化等,就必须加强对民俗体育的宣传和引导。

若想使民俗体育真正在社会上得到广泛普及和开展,就必须借助大众传播媒介来宣传、介绍、引导民俗体育及其文化。例如充分利用现代电子音像、电视、电影、录像、电脑、网络等传播工具，对人民大众的生活方式做出科学引导，使民俗体育活动逐渐深入人心。

通过加强宣传和引导，可以促进人们认识民俗体育的功能和作用，增加我国民俗体育人口的数量和密度，增强人民群众的体质，激发人们的体育意识和爱国情绪。这使民俗体育有更广泛的群众基础，从而在我国得到进一步传承、保护和开发。

### （三）加强队伍建设

民俗体育的开发、组织、推广离不开体育社会指导员的参与，民俗体育项目的整理、推广、传承离不开体育专业人员的介入。因此，教练员和指导员队伍建设是开发民俗体育、弘扬民俗精神的重要保障。

首先，应充分利用社会基层的力量，有计划、有规划、有组织地进行民俗体育相关资料的调查、整理和研究工作。

其次，树立和巩固民俗体育在学校体育教育和社会体育教育中的地位，加强民俗体育与学校体育教育和社会体育教育的组织联系。

最后，民俗体育的队伍建设要实现国家、社会、集体、个人的有机结合。例如，加强政府法律和法规的指导以及对民俗体育队伍建设的政策和经济支持；采用合理的社会干预，建立有效的民俗体育评价体系；促进民俗体育在人们日常生活中的普及和推广等。政府部门、文化部门、体育管理部门、体育组织机构、文化工作者、社会工作者、体育工作者应有机结合起来，共同推动民俗体育教练员和指导员队伍的建设。

### （四）加强文化传承

民俗体育文化的传承是民俗体育资源的开发基础和前提。

首先，可以通过学校教育平台来实现民俗体育的传承。应加强民俗体育在各类学校体育课程设置的可行性，将民俗体育活动作为学校体育教育教学内容的重要组成部分，开发学校民俗体育教学教材，制订统一的民俗体育教学大纲和具体的教学计划，建立健全规范的民俗体育教育培训制度。促进民俗体育在青少年一代中的传播，采用现代教育教学方法将民俗体育及其文化保护、推广和传承下去。

其次，在条件成熟的情况下，鼓励地方组织在结合地区民俗体育文化特征的基础上，举办地方性的民俗体育文化节，以弘扬和发展地方民俗体育项目，使民俗体育资源的开发与地区的经济、文化发展特点相结合，实现"体育搭台，经贸唱戏"的良性循环。

# 第八章　民俗体育文化在学校中的发展创新

## 第一节　民俗体育对学校体育发展的影响及意义

民俗体育文化指的是民众的、民间的、原生态的体育文化。它由一定的民众所创造，并在他们之间传承与使用。随着人们生活的变迁，民俗体育逐渐融入民众的风俗习惯，从而形成一种集体的、模式化的体育文化。民俗体育具有重要的文化价值虽然是融合了民族传统体育文化的基因和基础。我国民俗体育文化是历代相沿积久的文化，舞龙舞狮、踩高跷、划旱船、射箭、爬竿、摔跤、拔河、荡秋千、赛龙舟等民俗体育项目蕴藏着中华民族的高度智慧、高超技艺和高尚品德。因此，将民俗体育引入学校体育具有重要的意义。

### 一、学校体育使民俗体育得以继承与发展

我国民俗体育文化不仅是中国传统文化的主要载体，还积淀着深层次的文化意象的"原型"。其中不乏温文尔雅、富有人情味、有利于人际交往和爱国主义的内容，这些都值得我们继承和发扬。随着人们物质生活水平的不断提高以及科技水平的快速发展，民俗体育失去了赖以生存的土壤，面临着逐渐失传的危险局面，因此，如何使民俗体育得到继承和发展就成了我们必须关注的问题。

将民俗体育引入学校体育教育中并使其相互结合，是民俗体育发展的根本出路。学校体育教育承担着传承与发展我国民俗体育的重要使命。

### （一）学校体育使民俗体育重焕生机

我国民俗体育生存在绵延数千年的封建农耕社会和游牧生产生活方式之中。随着现代社会的不断发展，农业人口大幅减少，农民进行农业生产的方式和技术也有了很大提高，全国各地按照原本农耕游牧的生活方式建立起来的民俗体育也逐渐失去了生存的土壤，很多依据二十四节气时间举行的民俗体育都逐渐

消失。我国民俗体育的发展必须找到一条传承的渠道，否则就会断层。

根据当前我国民俗体育的发展现状，将其引入学校教育中，使其与学校体育相结合，才能使民俗体育获得强大的生命力，这是一条比较成熟的道路。通过挖掘、整理和改造，学校教育将会取其精华、去其糟粕，为民俗体育赋予新的时代、教育和娱乐等各种意义。这种情况下，民俗体育不仅保留了自身的民族、民俗特色，而且符合现代社会的时代和价值特征，从而能够更好地融入现代体育洪流，成为现代体育的重要组成部分。面对日益激烈的全球一体化和世界范围内的竞技体育的冲击，将民俗体育引入学校体育不仅能促进民俗体育的挖掘、整理、改造，扩大学校内民俗体育的群众范围，使民俗体育得以继承和发展，焕发出新的生命光彩，而且能使我国民俗体育被更多人认识和了解，这在很大程度上会促进民俗体育的发展与传承。

### （二）学校体育有自身优势

学校在挖掘、整理、保护民俗体育方面有自身的优势。学校中的体育教师、体育锻炼时间和体育锻炼场地都在很大程度上成为民俗体育传承与发展的有利保障。同时，学校体育所面对的对象就是学生，学生正处于学习的最佳年龄，通过民俗体育课程、民俗体育活动、民俗体育竞赛和民俗体育文化节等活动，能够使学生更加深入地了解和熟悉民俗体育项目，从而推动民俗体育项目在学校全面开展。学校通过这些活动把这种特殊的文化艺术传授给学生，不但使他们懂得了这些民俗体育项目的来源、特点、价值等理论知识，而且使他们了解了如何开展这些民俗体育项目运动，让他们明白民俗体育是中华民族传统文化中的重要组成部分，并感受到其中蕴含的我国人民的精神、物质和文化的深刻的含义。这对于增强学生的民族自豪感和自信心起到重要作用。

## 二、全民健身实践需要民俗体育进课堂

作为终身体育的重要组成部分，学校体育经常开展一些适合学生的运动项目来训练和学习，这些项目大都符合学生的运动能力，能够为学生所接受和采纳。这样的教育能够培养在校学生对于这些运动的兴趣和爱好，促使其在毕业后还能坚持采用自己感兴趣的运动方式进行健身。从这个层面来看，全面健身实践

的开展需要学校体育的支持。我国学校体育教学的项目内容单一，教学方法枯燥乏味，项目设置存在重复现象。另外，学校体育教学重视运动技术、轻视健身功能，不符合大众健身的原本目标，与社会大众体育活动也严重脱节。这种忽视学生个性的教学方式，并不能引起学生对学校体育教育的兴趣，学生的终身体育观念得不到落实，毕业后的全民健身也就无从入手。

　　将民俗体育引入学校体育教学，能够促进全面健身实践的实现。从现实情况层面来说，我国经济条件并不十分发达，体育场地、设施、器材等都存在明显的短缺现象，这就对竞技体育在学校中的教学造成阻碍。从全社会的角度来分析，当前我国体育场地缺失、器材设备不足的现状在很大程度上制约了全面健身的实现。然而，我国民俗体育运动项目恰好能以其优势来弥补体育场地缺失、器材设备短缺或要求高的缺点。以跳绳和踢毽子这两个以个人活动为主的民俗体育项目为例，它们的器材简单易做，对活动范围和场地的要求也不高，场地可大可小，因此非常灵活，很适合在大众健身中开展。即便一些集体性较强的运动，民俗体育也比竞技体育要灵活得多。像跳竹竿、板凳龙之类的运动项目的集体性要求较高，在开展过程中，我们只要将其分散开来，就不会受到场地和设备的限制。因此，在发展学校竞技体育过程中，我们应该提倡开展民俗体育，从而发动更多人参与到民俗体育锻炼的队伍中来。以形式多样、丰富多彩、妙趣横生的民俗体育项目培养学生的兴趣和爱好，使其养成终身体育的观念和理念，从而提高我国体育人口数量，推进全民健身的步伐。

　　除此之外，民俗体育还具有自身独特的健身效果和养生功能，将民俗体育引入学校体育教学，让学生选择自己感兴趣的运动项目，一方面能够调动他们参与锻炼的积极性和自愿性，另一方面能提高学生的身体素质，使学生掌握行之有效的健身方式，这与我国学校体育教育的初衷相符合。因此，将民俗体育引进学校体育教学是将学校体育与终身体育联结起来的一种有效方式，能够使学生养成终身体育的观念和终身锻炼的习惯，体现了我国全面健身的内在需要。

## 三、民俗体育可以丰富学校体育教学资源

　　我国民俗体育种类繁多，项目资源丰富。学校引入民俗体育，打破了传统体育教学中竞技体育占据霸主地位的现状，有利于我国学校体育逐渐向民族化、

健身化、娱乐化发展，因此这是一种良性的转变。从中国体育文化史的角度来说，民俗体育文化多姿多彩、种类繁多，武术、龙舟竞渡、跳绳、秋千、抢花炮、打陀螺、高脚马、爬杆、舞龙舞狮等多种多样的民俗体育项目都是经过千百年才传承下来的，它们不仅具有自身独特的属性，而且具有很好的健身效果。将种类繁多的民俗体育引进学校体育的教学范围，一方面使民俗体育经过学校体育的加工和改造而成为更加适应现代社会的存在；另一方面在很大程度上丰富我国学校体育的教学内容，为学校体育的改革提供丰富的素材。这些神采各异、奇妙多变的艺术形式也会为我国学校体育教学注入新的活力，成为学校体育一道亮丽的风景线。

我国学校中的民俗体育大多数是武术、跳绳、秋千、拔河、爬杆等，除了少数民族的民俗体育项目较为少见之外，要求在室内进行的、具有益智功能的、具有助兴效果的民俗体育项目也很少见，因此学校民俗体育项目还有待进一步开发。很多民俗体育项目都非常适合在校园内开展，其原因在于民俗体育具有竞技体育所不具备的教育价值，向学生传授民俗体育文化在培养其民族精神、民族团结等方面具有重要意义。

从技术角度来说，民俗体育项目的动作技术简单、容易操作，因此很容易在大众中得到宣传和普及。同时，民俗体育能够促进锻炼者的身心健康，使其得到身心的双重满足。学校中的民俗体育运动会在很大程度上增强了学校体育的娱乐性和趣味性，使学生在学习过程中收获身心健康。另外，由于民俗体育是一种与竞技体育有所不同的体育类型，它不仅仅强调运动的竞技性，更加注重参与者身心的和谐，因此民俗体育能够使学生在愉悦中获得身心的教育，并在很大程度上为丰富学校体育资源提供帮助和支持。

## 四、民俗体育与现代学校体育形成互补

中国民俗体育总体上一直朝着娱乐化、表演化和礼仪化的方向前进，因此，民俗体育在发展过程中更加注重锻炼自身的个人修养和个人素质。中国民俗体育的主要目的就是追求锻炼者的"健康和长寿"，在锻炼过程中，民俗体育融入了身心合一、动静结合的导引养生等因素，所以民俗体育的竞技性被大大削弱。然而竞技体育却始终朝着竞技、惊险、健美、公开等方向前进，

逐渐形成了竞技体育体系，由于竞技体育强调锻炼者竞技能力的不断提高，并不十分注重竞技过程中个人修养、个人素质，因此使人在竞技中很容易产生暴力现象。将民俗体育引进学校体育，就能最大限度地弥补竞技体育的这一缺陷，与现代学校竞技体育教学形成互补，使得学生在竞技能力和个人修养两方面不断提高。

## 五、学校体育有利于民俗体育走向世界

分析人类世界的诸多文化现象可以发现，体育就是最容易使人相互沟通思想、促进民族认同感的文化形式。其原因在于体育竞赛能够使人超越自身社会意识、文化传统和语言障碍，在比赛过程中，人们无须顾及不同的政治观点、种族人群，在公平、公正的原则下进行竞技角逐。正是因为这一点，现代奥运会才能以"更快、更高、更强"为精神，成为现代社会影响力最大的文化盛会。

从单个体育项目的发展历程可以看出，任何一项现在在全球范围内盛行不息的体育项目最初都是产生于某个国家、地域或民族的一种原生态运动项目，随着各地区、各民族文化的交流和融合，这项体育项目从其产生地传播出去，然后经由各种文化传播方式，为世界各地的人们所接受，这项原本是民俗体育的运动项目最终成为世界上盛行的一种体育项目。

从文化的内在形式来看，民俗体育是一种流行于某个特定地域的民间体育文化形式，最初产生于某个民族的社会生活中，反映这个民族人们的生产生活方式、行为模式和心理特征。要将这些多姿多彩、奇妙多变的民俗文化推向世界，超越其原本的时空状态、社会背景、文化环境，可想而知多么艰难。

分析社会的发展历程，可以发现，一个国家要想使其文化处于世界先锋地位，就必须积极地吸收其他各国的优秀文化成果，以使自己国家或者民族的文化走在世界前列。从发展趋势来看，当今世界体育发展的主流方向就是世界性和民族性。我国的民俗音乐、绘画、中草药、舞蹈等都已经走出国门，向世界展示自身的文化魅力。但是作为民俗文化组成部分的民俗体育却仍然在国内盘桓，有的甚至已经失传。面对这种情况，如何使民俗体育走出国门被世人所认知、了解和接纳就成为体育学者必须考虑的问题。分析世界体育运动项目的发展史，可以看出，我国的民俗体育要想走出国门、走向世界，就必须有文化动因要素

和运行机制的推动。也就是说，这项民俗体育项目首先要具备规范化和科学化的内容和形式，并且要引起人们的兴趣，能够为全国、全世界所关注，另外还要有广泛的群众基础，也就是要扩大这项运动的普及范围，才能进一步走向世界。

综合学校体育教学的特点可以看出，学校体育是培养体育人才、规范体育项目、普及体育知识的摇篮。将民俗体育引进学校体育教学，一方面，能够借助学校体育强大的师资力量、教研力量使民俗体育项目实现规范化、合理化，使其具备走出国门的素质；另一方面，学校培养体育人才、普及体育知识和帮助学生养成正确的体育观念，能够使得更多人认识、了解、接受民俗体育项目，从而为民俗体育项目的普及打好基础。随着学生终身体育观念的养成及终身体育影响力的提高，加上民俗体育较强的健身性和对器材场地要求不高的特点，就能使民俗体育运动项目成为全民健身运动项目的重要内容。这样一来，民俗体育发展的内因和外部文化动因互相促进，必定推动民俗体育文化的方式、速度和规模不断发展，最终实现学校体育与民俗体育的协调发展，使民俗体育走向世界。以民俗体育项目舞龙为例，人们在喜庆日子里用舞龙来祈祷龙的保佑，以求得风调雨顺、五谷丰登。舞龙不仅具有很高的观赏价值和工艺价值，还具有较强的健身价值。舞龙的动作千变万化，九节以内的龙侧重于花样技巧，较常见的动作有蛟龙漫游、龙摆尾和蛇蜕皮等；十一节、十三节的龙侧重于动作表演，金龙追逐宝珠，飞腾跳跃，时而飞入云端，时而入海破浪，再配合龙珠及鼓乐衬托，成为一种集武术、鼓乐、戏曲与龙艺于一体的艺术样式。舞龙运动被纳入体育教学之后，舞龙运动的规则和技术动作不断得到完善和发展，现在已经出现在了世界体育竞赛的赛场上。由此可见，将民俗体育引进学校体育教学，能够为民俗体育深入发展并最终走向社会、走向世界提供良好保证。

# 第二节　　学校民俗体育文化的发展对策

## 一、学校加快引进民俗体育教学

在学校中推广传统民俗体育文化是继承和发扬民俗体育文化的一条切实有效的重要渠道。因此，需要加快将民俗体育引进学校体育教学的步伐。

学校体育应根据学校的实际情况，引进适合学校体育教学的、适合本地区文化特色的、适合学生生理和心理特点的民俗体育项目。此外，还要制定明确的民俗体育教学任务及教学目标，从根本上做到有的放矢。学校体育组织者在引进民俗体育教学的时候，应该注意以下两点。

### （一）引进项目要有一定的针对性

由于我国民俗体育项目众多、内容丰富、形式多样，学校在引进民俗体育文化的时候，就应该有针对性地挑选一些可操作性较强的体育项目，而不能将所有民俗体育项目不加选择地一味照搬进学校体育教学中。具体而言，就是学校体育教学的组织者应该按照一定的标准，选择一些针对性较强、具有一定代表性、能够反映本民族的文化特色和民族精神的民俗体育项目。在选择民俗体育项目的过程中，组织者要遵循可操作性原则。如果一些民俗体育项目本身很优秀，但其可操作性不强，那么组织者就要考虑能否对其进行合理地改造，如果不行就果断剔除。

### （二）引进适合本校的民俗体育项目

学校体育组织者在选择民俗体育项目的过程中，要注意因地制宜，选择适合本校的民俗体育项目。例如，如果一所学校的地理环境较优越，那该校就可以拓宽民俗体育项目选择范围；相反，如果一所学校的地理位置较差，那么该校应根据自身实际环境条件选择适合在本校开展的民俗体育项目。如果一所学校距离水资源较近，那么该校可以多选择一些水上民俗体育运动项目；而位于内陆的学校，则可以选择诸如太极拳、放风筝、荡秋千、摔跤等适宜在陆路上开展的民俗体育运动项目。如果一所学校的场地和场馆设施较为齐全，那么该校就可以选择一些对场地设施要求较高的民俗体育项目；如果一所学校的场地场馆设施较差，那么该校就可以选一些对场地、场馆设施要求不高的民俗体育项目。

综上所述，学校体育组织者在选择民俗体育项目的过程中，要根据学校的实际情况选择适合在本校中开展的体育项目，切忌不顾实际、盲目选择。

## 二、做好民俗体育教材的选编工作

随着创新教育和课程改革在我国的蓬勃发展，在素质教育背景下，针对应试教育给学生造成的身心负担，我国提出了"健康第一"和"终身教育"的教育指导思想。随着上述教育思想的提出，与之相适应的教育资源建设日益受到人们的重视。民俗体育是我国学校的一种特色体育，它的内容十分丰富，不仅能培养广大学生的体育兴趣、习惯和运动机能，而且能弘扬民族文化，培养强健体魄、身心健康的人力资源为祖国服务。将民俗体育引入学校的体育课程改革，使学校体育"活"了起来，学生得到民俗体育文化的熏陶，教学成效明显。所以，在将民俗体育引进校园的时候，教学组织者要做好民俗体育教材的选编工作。

具体而言，教学组织者要因地制宜地进行民俗体育教材选编。民俗体育的教材不仅要因地制宜，而且要因校制宜，要按照本民族、本地区的实际情况，选择一些具有运动价值、民俗价值、教育价值、传承价值的民俗项目，将其与现代学校体育教学相结合，编制出具有趣味性、创造性、启发性、教育性、民俗性等特征的民俗体育教材。从主要内容层面来说，民俗体育教材应包括民俗体育项目的基础知识、基本技术、基本战术、教学和训练方法、竞赛规则及编排等，从而培养出既有现代民俗体育理论知识，又有民俗体育运动实践技能的人才。

## 三、加快对民俗体育的改编

作为学校体育教学的重要内容，民俗体育不但具有竞技性、健身性和娱乐性等特征，还能促进学生的身心健康，起到传承民俗体育文化和加强民族向心力的作用。要使汲取世界优秀体育成果与继承弘扬我国民族传统体育相结合，就要注意体现教材的时代性、多样性以及民族性和中国特色。从民俗体育的来源来说，民俗体育一般是在一定的民族背景下和历史阶段产生的，并在其发展过程中不断地去粗存精，才能够在漫漫的历史长河中保存下来。换句话说，如果一项民俗体育项目没有经过完善和改编而以其最初的状态存在，是不可能经过长时间的流转还存留于世的。因此，民俗体育要想在校园中获得发展，就必须不断改革和完善自己，这样才能在未来的发展道路上走得更稳、更快、更好。

总的来说，民俗体育的改革和完善，并不单单指对现有项目的完全照搬或者对其进行粗浅的加工和改造，而是要按照民俗体育教学目标和任务对民俗体育原有的一些内容、结构、要求、难度和侧重点进行合理地加工和完善，使其能够更好地反映民俗体育的教育功能。具体而言，应按照以下原则进行民俗体育项目的改编。

### （一）展现民俗体育的科学风貌

在民俗体育项目的改编过程中，要注意剔除不健康和不科学的内容，使其更加符合在校学生的接受能力。以长阳巴山舞的改编为例，专家们通过不断的考证与研究，剔除了这种民俗体育项目的迷信色彩，保留了其中的许多象形取意的武术、舞蹈和体操动作。经过改编之后，巴山舞以其融武术、舞蹈、体操于一体的特色获得人民群众的喜爱，也成为民俗体育改编的成功案例。

### （二）合理的挖掘、整理、规范、修补

虽然我国民俗体育项目内容丰富，但其随意性和不规范性在很大程度上对民俗体育的进一步发展造成阻碍，使得许多优秀的民俗体育项目不能大范围普及，有的甚至失传。针对这种情况，学校需要对民俗体育项目进行科学、合理地挖掘、整理、提炼、修补，使其能够朝着规范化方向发展，并适应学生的实际要求。如果民俗体育项目的竞技要求过高，就要对其进行合理地调整。

### （三）挖掘民俗体育的教育和综合功能

民俗体育是我国各民族在长期的历史发展进程中积累保存下来的，反映了民族意识和多方面活动的文化财富，具有显著的健身养性、陶冶身心的功能，能够满足人的身心需要和情感需求，并且简单易操作。将其引进学校不仅能使

学生受益，而且能使民俗体育得到传承与发展。因此，在进行民俗体育改编过程中，学校体育组织者要充分挖掘民俗体育所包含的历史、伦理、哲理、艺术、医学、军事等方面的深刻含义，培养学生团结奋进、坚强上进、自强不息的精神。这也是民俗体育教育和综合功能的完美体现。

### （四）考虑学校自身条件

学校在开展民俗体育活动的过程中，应选择锻炼方式和内容独特、健身作用明显、健身方式新颖、群众普遍喜欢、适合本地环境的民俗体育项目。除此之外，还应对所选择的民俗体育项目进行系统研究，这样才能保证所选项目进入学校之后能够得到普遍推广和不断完善。以赛马为例，综合分析可以发现，将其引入学校体育的可能性不大。但荡秋千、摔跤、爬杆等项目却可以经过适当改进后引进学校课堂。

### （五）体现民族文化特色

部分民俗体育项目具有地域封闭特征，这种特征使得这些民俗体育项目具有更深厚的民族特色和文化底蕴。在文化共享的大背景下，挖掘和整理民俗体育文化和对其进行改编或者创新的过程中，要特别突出其民族性的特征，也就是要使其保有原生态的核心。以太极拳和八卦掌为例，这两项民俗体育项目的动作虽然简单，却都包含着中国朴素唯物主义思想、太极阴阳观念和八卦生化机理，在对其改编过程中，不仅不能违背教学规律和学生身体健康规律，而且要体现出它们的"原生态"特色。这样才能使民俗体育项目具有自身特色，茁壮成长。

## 四、将民俗体育与学生的大课间活动相结合

当前我国部分地区和学校都在试行大课间活动，本着"健康第一""把快乐还给学生"的原则，学生大课间活动的内容除了广播体操和眼保健操之外，还增加了一些趣味性较强、比较有特色的运动项目。在这样的背景下，如何处理好"知识技能"与"健康第一"的关系，将学生的大课间活动变得更加有趣、更加具有健身性就是学校需要考虑的问题。民俗体育具有内容丰富、形式多样、活泼有趣、健身效果显著等特征，很适合在大课间活动中开展。教师可以就地

取材，选取一些本地的民俗体育项目，对其进行创造性改编，使其不仅能够达到以体促德、以体促智、以体促美、以体促心的目的，而且能够培养学生积极进取、团结合作、努力拼搏的精神。这使学校教育展现出一种全新的精神风貌，进一步打造本校的文化品牌。

## 五、加大民俗课程建设的资金投入

当前民俗体育课程开发半途而废、中期流产的现象并不少见，究其原因，主要是开发实验得不到支持、实验条件不能满足、经费太少、研究人员与实验学校不协调。有些学校领导只要听到负面评价就失去了信心，就开始减经费、撤人员，甚至停止课程开发。可见，资金短缺在很大程度上限制了民俗体育在学校的发展，因此，要想加强学校中的民俗体育教学就必须加大民俗体育课程建设的资金投入力度。

具体而言，就是要本着保证重点民俗体育项目资金投入力度并兼顾一般民俗体育项目的原则，重点发展比较成熟的民俗体育项目，从整体上带动民俗体育项目的发展；兼顾一般民俗体育项目的资金投入，使其得到开发和发展。最后，还应改善民俗体育场地设施，在未来体育场馆的建设中考虑增加民俗体育场馆，从而满足民俗体育教学和学生课余练习的需要。

## 六、加强民俗体育师资力量的培养

在民俗体育进入学校体育过程中，需要不断加强民俗体育师资力量的培养，这也是民俗体育在学校中获得平稳较快发展的当务之急。从当前情况来看，我国学校体育中的民俗体育人才存在严重匮乏现象，因此，必须加强民俗体育师资力量的培养。具体而言，可以通过以下三个渠道来加强民俗体育师资力量的培养。

### （一）提高现有教师的民俗体育理论和实践水平

体育教师是学校中民俗体育文化的传授者，是学生学习民俗体育知识、掌握民俗体育技术和技能的鼓励者、指导者和评价者。在这个过程中，体育教师不但要把我国优秀的民俗体育文化传授给学生，更应该培养学生树立关心自己身体健康、增强体质是一种社会责任的观念，并指导学生学会科学的民俗体育健身方法。此外，体育教师对学生行为习惯的养成具有十分重要的作用。体育教师不仅授课班级众多，而且教学对象都来自不同年级、不同学科，尤其突出的是学校的早操、课间操、课余活动以及全校的大型活动的策划、组织和具体实施都由体育教师承担。所以，体育教师的行为模式对学生的影响面广，体育教师的形象、精神面貌、言谈举止、治学态度等通常会成为学生学习的榜样。基于以上特点和要求，在发展学校中民俗体育师资力量时，就需要提高现有教师的民俗体育理论和实践水平。具体而言，可以通过以下几种方法来提高体育教师的民俗体育理论和实践水平。

第一，学校在教学中，为体育教师创造更多的条件和机会，使其能够参加各种不同级别的民俗体育培训工作和进修，通过不断的学习来提高教师民俗体育专业技能。

第二，在民俗体育研究方面，加强对民俗体育理论方面的研究，如果有必要，可以在政策上对民俗体育方面的研究给予一定的照顾，从根本上带动学校中民俗体育教学的发展。

第三，从教师民俗体育知识和能力的增长渠道上来说，可以增加教师间的交流与沟通，这样一来，教师与教师之间、学校与学校之间就能够交换彼此在民俗体育教学中的经验教训，从而实现共同成长、共同进步。

## （二）建立民俗体育学科培养体育师资

随着学校体育改革的日益深化以及体育教师自身寻求和谐完美发展需求的日益高涨，在校园内建立民俗体育学科、发展民俗体育师资力量就成为民俗体育进一步发展的必由之路。具体而言，就是培养出具有主辅修专业经验的民俗体育教师，并将其投入实践中。

## （三）聘请民间艺人进入学校进行教学

民俗体育文化是各族人民经过千百年的文化积淀而具有深厚的内涵的民族民间体育文化。这些各具特色、多姿多彩的民俗文化，是由人民群众创造的并在民间广泛流传的群众文化，是传承和发扬民族精神、民族文化的根基所在，也是展示我国民族风情的重要文化活动。学校作为育人的主阵地，在挖掘、保护、传承这些民俗文化特色方面具有先天优势。因此，我们提出了将民间艺人请进学校进行教学以积极地探索民俗体育文化的师资培养方式，从而提炼出民俗体育文化教育资源的传承模式。

　　具体而言，就是把民间艺人请进学校，定期给学生们进行相关项目的授课，或对有这方面特长的教师进行授课；可以根据学校内开展的民俗体育文化课、特色活动和课外兴趣活动聘请民间艺人进校授课；还可以对现有的民俗体育方面的专家进行培育与扶持，使其成为我国学校民俗体育教学的新的体育教师，并发展成为今后学校民俗体育教学的师资骨干与精英。

# 第九章　民俗体育文化在全球化的传承创新

## 第一节　全球化视角下的传统文化问题

### 一、全球化视角下的文化对话

#### （一）全球化视角下的体育文化发展

重新审视当代体育文化的发展，需要全球化视角。这就意味着教育的全球化语境以及国学文化在全球化语境下的重新审视。但这并不必然是说文化研究已经取得了正确的"全球意识"。没有谁会否认，未来的文化研究必定是全球性的，但这也是一个更深层的要求，即全球化时代的国学文化研究必须以一个与时俱进的（如被翻新了的作为哲学概念的"全球化"或者"全球性"）为其理论、为其胸怀、为其眼界，否则其仍是"现代性"的文化研究或者"后现代性"的文化研究，而不是综合和超越了现代性和后现代性哲学的"全球性文化研究"。只有在这种视野之下，民俗体育和国学教育的相互融合才具有全球性的独特价值。今日的文化流动并不局限在一个国家或一个民族之内，民族资源也需要放在全球语境中来思考。

文化流动的现象，并不是今天才有的。它自遥远的柏拉图时代或孔子时代就已经开始了。文化从未停止过流动，文化"们"总是在碰撞、在裂变、在寻找新的融合。东方体育而强调"养生修性"、练养结合、动静平衡的体育思想，并在缓解高科技带给人类不良影响方面具有划时代的功能效应，而成为满足人类精神需求、促进人类身心健康的情感体育活动。

#### （二）民族文化与世界文化的对话

东方民族的体育文化强调的是"内意识"的健体养生的能力，这在西方体育文化语境里即是强调训练"外形"而改善人体"内环境"的能力。这两种是不同的能力，应该分别加以培养，并将之与教育融为一体，不仅要培养学生的健身锻炼能力、竞技和竞争能力、自立和应变能力、娱乐消遣能力，还应从学生的精神面貌意志和品格中去探索更为深刻的内容和实质。上述能力培养必将提高学生对体育的兴趣，体现"因材施教，全面育人"的内涵，从而为学生树立终身体育意识奠定基础，为培养和塑造决定中华民族前途和命运的青年一代打下全面而坚实的基础。

### （三）体育文化话语的复杂性

在全球化时代，每个民族、每种文化都有"话"说，这有赖于各自文化的表达。中国传统文化的表达必然需要一个"将他者作为他者，将自己也作为他者"的过程，即作为有限的主体，将"主体间性"推进为"他者间性"、推进为本体性的"文化间性"，唯有如此，全球化时代的文化研究才可能实现一场真正意义上的"对话"。在全球文化语境内，民俗体育也好，国学经典也罢，都构成了中华民族文化的一种表达方式。而此对话的效果则是对话者对自己的"不断"超越、"不断"否定和"不断"重构，之所以是"不断"，是因为对话者永远保留着无法被表述的本己，无论经过多少轮对话，一方对话者都不可能变成另一方对话者。在民族文化视野内，我们可以看到，民俗体育和国学经典就是一种文化对话，虽然它们都具有相互的补偿性价值，却并不能完全取代对方。这种表达参与着世界文化的众声喧哗，也和西方文化相互构成了一种补偿性价值。

传统文化在全球对话中走向了自我的重构、超越、否定、转型，同时它由凸显出自我的独特本体而具有一种真正自我的发掘。这就是在新的全球化语境下，对民俗体育、国学经典的定位。这种定位是传统文化教育不得不首先思考的问题。西方社会的竞技、文化和与之相适应的资本主义历史条件以及竞争、冒险的哲学思想，使得西方的体育文化形成了重视形体健美、讲究外在统一和竞争激进的风格。而东方的体育文化在儒家思想的熏陶下，则逐渐形成融健体养生、道德教育、竞技娱乐于一体的独特风格。在西方奥林匹克运动的巨大影响下，东方体育文化不再是封闭环境里的自足体，而是在同西方体育文化相互融合、相互竞争的汇流中迅速发展的开放性文化。西方体育文化发展的直接结果是产生了奥林匹克运动。因此，在全球化语境下，不得不考虑这种大小的差异，然后进行对话。

### （四）现代性的扩张下的传统文化审视

全球化更是一种"球域化"，这是全球性扩张与地方性应对的交相结果。民俗体育的地方色彩并不会在这种对话中丧失，反而更加凸显一种对话的必要和在对话中挖掘自身更为深刻的补偿性价值。

全球化及其解域化必然地重塑了文化体验所依赖的地方性，因此全球化一定与文化相关，可以进一步说，全球化本身即是文化性的。在全球对话中的中国传统文化，是一种以地域性为其根本的文化。它与其他地域性文化的主体性竞争过程，构成了全球化的一个方面。

全球化作为文化性的实质恰恰在于不同文化之间所发生的对抗性的或协商性关系。全球化的文化性恰恰在于它的"文化间性"，在于汤姆林森所谓的"文化影响"，即在于它的影响性，包括越界影响和相互影响。"文化间性""主体间性"等概念的提出是为了指导传统文化有效对话，是为了在不同的文化之间、主体之间建立对话性和交往性的关系，但这只是一种理想的状态。凡对话或交往之进行，必涉及两个前提性假设：其一，对自我身份及其特殊性的确认；其二，对自我之局限的意识从而对他者的开放。当前解域化所引发的剧烈的文化冲突当来自前者，即来自自信、自我确证和自我中心的文化主体意识，它绝非对他者的理解、对其异质性的德里达意义的"宽恕"，而是包含"先行给予"的宽恕。

## 二、全球化下的文化和体育教育问题

国际教育权威经过长期的讨论普遍认为，全球的文化教育和多元的文化教育应该是一个事物的两个方面，两者只有结合起来才能最大限度地发挥现代体制下教育的作用。全球化下的教育是未来教育发展的总体趋势。国学教育和民俗体育教育也将被纳入这个多元文化教育的轨道，从而实现其现代教育转型。这有利于充分利用教育的全球化资源激活地方性的民俗教育资源，采用先进的教育技术，特别是网络手段和多媒体教学，促进教育改革，提高教育质量，也促进地区和全球的文化互动交流。全球化课程将强调思维能力，而非仅仅学习基础知识；强调建立较高的跨越各主要学习领域的标准；强调一般技能的开发；

强调发展讲学之间的互动，提高学习者解决问题、批判性思维和分析综合的能力；培养学生成为终身学习者，能应付快速的变革，从容面对困难，并能包容和理解，坚定地追求社会正义。

另外，全球化下的教育有一种倾向，即着眼于将教育当作全球范围内进行自由交流的商品，并且将学生看成在全球范围内的消费者。全球化教育所倡导的教育市场化必然涉及教育的质量问题和教学效益，其确实有大量成功的案例，但也有人认为，一些质量不高的教育产品和服务被引入全球市场会造成恶劣影响，损害受教育者的利益。总之，全球化教育将教育当作产品，并使其广告化和商品化，让学习者直接面对众多选择。这种自由的扩大虽然为学生增加了教育的灵活性，提供了更为多样的课程，但选择的多样化、中介机构水平参差不齐以及学习者缺乏判断能力等因素往往削弱了全球化教育应起的积极作用。此外，在教育全球化过程中，我们也要考虑文化的多样性，发挥不同文化对教育的影响和贡献。

首先，在教育全球化过程中，人们逐渐意识到要努力汲取各种文化的营养，包括原生态的民俗舞蹈、民间体育形式和其他表现形式的民俗文化。例如，中国武术在新时期就是一种重要的教育资源。虽说有不同的门派、拳种以及不同的风格和特点，但武术在几千年的长期繁衍与发展中，无不十分讲究礼仪、重视道德，我国古代许多习武的爱国志士都展现了不畏强暴、不凌弱逞强、奋勇拼搏的精神，这些良好的素质和高尚的道德情操正是目前所需要的。另外，中国少数民族的文化资源也是世界体育文化中的瑰宝。今日，体育教育要展现中华民族的灵魂和精神、激发人们的爱国热忱，广泛汲取多种文化的营养，才能使得传统体育资源在教育中真正被继承和发扬。

其次，中国的儒家文化对中国的教育思想影响深远，是全球教育思想宝库中的精华。孔子的教育思想在国际学术界越来越受到重视。很多文化提倡"与人为善""怜悯心""同情心"和"良知"，这也是今天教育所忽视的要素。孔子思想中的"仁"是人类的一种共同的价值观念。儒家"以德成人"的教育思想和传统体育（武术）的自强不息是相互补充、相互协调的。儒家学派创始人孔子在体育方面也有可贵的见解和实践，他主张的"志于道，据于德，依于仁，游于艺"中就包含着德育、智育、体育的思想因素，更融通着哲学思想内涵。儒学作为中国封建时代的官方哲学和封建制度的精神支柱，对中国武术的影响是巨大的。在中国武术的历史发展中，各个拳派都有明确的规定：学拳宜以德行为先，恭敬谦逊，善气迎人，不可持艺为非，以致损行败德、辱身丧命。这种以"仁义"精神为核心的武德思想，完全符合我国社会伦理学的生命原则和仁义原则，这也促使中国传统体育中竞技项目——武术，逐步成为仁者之艺。中国武术的武德、武技、套路、法则、内外合一等内容，处处显示了中国传统文化的烙印。

再次，以中国武术为代表的传统体育亟待发扬。武术是中国历史上传统教育的重要组成部分，虽然中国历来重视文化教育，但从来不忽视强身健体和运动素质的培养，武术作为具有中国特色的身体文化形式，不仅具有现代体育的功能——锻炼身体，同时作为一种文化载体而兼具促进德、智、美及个性发展与完善的教育功能，是中华民族优秀文化的代表。相对于其他民族文化形式而言，武术在新时代树立民族自尊心、培养民族精神、提高民族素质的教育价值方面具有不可替代的地位。教育事关武术视野发展的全局，发展武术教育是武术文化建设的基础工程。作为民族文化的一部分，武术文化蕴含着丰富的爱国主义精神以及和平、勇敢、自强不息的民族精神。在研究与开发中华武术时，要突破以往仅把武术作为竞技体育项目对待的局限，树立正确的体育观念，开发武术文化教育价值，开拓多层次的武术文化教育市场。在现代教育中引入传统体育课程能够使学生们得到健康心智的锻炼和文化的熏陶。武术作为一种易于操作、器械简单的课程能够适应各个地域的体育课程教学设计，其特有的规范动作也具有保健健身的功效。

学生能够在学习武术的过程中了解中国传统武术和儒家思想、佛学思想等的融合。武术蕴含着中华民族的传统美德，崇尚武德是武林人士的优良传统。武德表现在练武和修身、习艺和立人、品德与技艺的统一，把修己养身看作立身处世、实现人生价值的根本。

我国传统武术文化教学极力倡导武德修养。所谓崇武尚德，是指习练武术这类民俗体育的人所应遵循的道德规范，以及与之相适应的道德观念、情操和品质。在我国传统武术史的文献中，随处可见极力倡导以"仁义"精神为核心的体育道德观念，"武以德为立，德以艺为先"，把武德放在武术教育的首位，是武术约定俗成的信条。武术的攻防格斗技术，既可以用来保家卫国、防身自卫、除暴安良、匡扶正义，也可用来伤害无辜、逞强斗狠、行凶作恶、欺压百姓。体育文化的传承非常重视武德教育，集中反映了武术体育通过修身培养人格的特点，而武术作为体育项目的目的是促进人格的全面发展。武德与武技的融合反映了武术的本质特征，而武技又能体现武术的格斗、防卫、套路、技击、健身等功能。武术既是一项优秀的传统体育项目，也是民族文化的重要组成部分。学生通过对武术文化理论的学习，懂得武术不仅能强身健体、防身自卫，还能强化民族精神，培养学生奋发向上、尊师爱友、见义勇为、勇于吃苦、乐于助人、无私奉献和报效国家等思想品质。

最后，全球体育的交流值得提倡。在国际体育教育中，各国普遍采用了"引进来、派出去"的科学做法，提高了运动水平，体现了体育运动风采。

## 三、体育文化的继承和发展

传统文化（也包括民俗体育中的文化部分）作为文化之一，又有陶冶品性之价值，故体育应以传承文化与创造文化为目的。在当今信息全球化、经济一体化的背景下，创新显得更为重要，没有创新就没有发展，没有发展就难以创新。这里讨论体育的文化属性，主要是试图凸显对体育文化的继承和创新问题。同样，体育文化博大精深，特别是武术文化更是独占鳌头，若不对其继承并发展将是世界体育文化的一大缺损。但一味地追求守护传统内容和形式，就有可能失去更新和发展的机会，甚至被世界体育文化所淘汰。学校体育首先有责任和义务加强对中国传统体育文化精华的传扬，但如何激发学生的兴趣是必须认真思考的问题。这就要求学校务必结合学生体育课程的年龄阶段，使得体育文化与时俱进、实事求是，在课程标准修订中和具体的课程实践中体现有继承、要发展的理念，从形式到内容都要做好，才能在继承传统民俗体育的基础上，结合国学传统文化教育，开创更广阔的体育发展空间，使学生的体质、素质向更为发达的方向前进。

### （一）体育文化的继承问题

体育文化的继承不是一件容易的事。它本身具有借助语言、文字、图像等媒体在人们的意识领域和社会价值体系中传承的特性。当然，体育文化创新发展的方向是前进的，但其创新发展过程也不是一帆风顺的。体育文化以身体动作为基本表现形式，因此身体是其主要传承形式，但当身体与头脑在国学传统中整合之后，依附于体育文化智商的独特语言文字也显示出其强大的传承功能。体育文化的创新是指体育文化在历史发展过程中发生内容、结构甚至模式变化的属性。中国文化自殷商以来代代相传，不断地创新，向前发展，虽多有曲折，却从未间断过。世界体育文化如此，我国的体育文化也是如此。

在继承中要尤其留意中国体育文化和西方体育文化模式上的不同。在西方体育文化中，主要是源于古希腊、古罗马的西欧文化，是以竞技运动项目的竞赛为特征的一种体育文化。到了近代，由于资本主义的扩张、殖民主义的侵略，这种体育文化逐渐传播到世界各个角落。在东方大多数民族体育文化中，卫生保健术占有重要地位。这是因为大河流域的民族世世代代生活在以自给自足的小农经济为基础的社会环境中，早已习惯了和谐、宁静、相对稳定的生活方式，所以素以个人修身养性为主。中国传统体育文化是中华民族历经几千年而积累的宝贵财富，这笔体育文化的财富在当今社会依然有存在的价值，因而需要继承。传统虽然不以时间为界限，但它毕竟代表的是一种既成事实和稳定存在，已成为历史的事物或心态，因而传统体育中难免存在不合时宜的成分和因素，因循守旧必然使传统体育的价值趋向无限之小，只有依照时代特征，与时俱进，锐意创新，才能使传统体育在当代社会乃至未来社会中继续发挥作用。在奥林匹克运动重新蓬勃发展后，这种体育文化便具有世界意义，成为当代世界体育文化的主干。

### （二）体育文化的发展问题

体育是一种文化。依据体育文化、体育文化发展历史，结合中国国情制定和实施体育文化发展战略，构成一个完整的体育文化发展力，应对体育文化国际化发展趋势的需要，保障体育文化发展战略目标的实现和战略任务的完成，这是促进中国体育文化现代化全面发展的必然要求。因此，我们必须培育体育文化的多样性，尊重和支持其他群体文化传统，提升国人的自我形象。

体育文化的发展需要人文精神的支撑，"以人为本"就是其精神体现。体育文化发展战略必须具体地关注人的全面发展，即要关注人的体育道德和体育文化素质的提高，为努力培养有理想、有文化、有道德、有纪律的新世纪的社会主义公民做出贡献。一个民族、一个国家如果没有自己的体育精神支柱，就等于没有体育灵魂，就会失去体育文化的凝聚力和生命力。高尚的民族体育精神是衡量一个国家综合国力强弱的重要标尺。体育文化发展归根结底是为了促进人的身心健康全面发展。当代中华民族体育精神是我们在引进、消化、创新和发展体育运动实践中，逐步产生和积累的体育文化精神成果。中华民族的这种民族体育精神是中华民族有机体中不可分割的重要成分，是中华民族五千年来生生不息、不断壮大的强大精神动力，也是中国人民在未来的岁月里薪火相传、继往开来的强大精神动力。培育我们的体育文化是塑造高尚灵魂的最有效途径。弘扬和培育中华民族体育精神是文化发展规划中的一个重要目标。

体育作为文化的功能总是随着社会总体文化的发展而变化。在古代，体育是一种自卫和攻击的手段，甚至在今天的体育竞赛项目——射箭、掷标枪、击剑、拳击、柔道、摔跤等中，我们仍可以看到许多历史的影子。随着人类征服自然手段的提高，体育功能发生了极大变化，它成了健全和美化自身的一种文化手段。人类大多数的文化手段是向自然界挑战，唯独体育指向人类自己，是人类挑战自我，冲击极限的手段。当人类美化了自己周围的环境——建起一幢幢高楼、架起一座座立交桥、铺盖了一块块草坪、栽种了一排排树木后，就再也没有比美化自己的体魄更受当代人青睐的活动了。

### （三）现代体育的综合性特征

现代体育不仅仅是体格的训练，还是人格的培育。传统武术也是体力和智力相结合的身体活动。我们弘扬国学传统和民俗体育，正是借鉴了传统武术的传统和现代体育综合的特征。通过体育长期的体肤砥砺，在增强人的体质的同时使人的神经系统特别是大脑得到充分锻炼。而神经系统特别是大脑的结构和机能直接影响人们的智力活动和学习效果。健康的体质，特别是健全的神经系统，是智力发展的物质基础，人的智力发展是建立在大脑这个物质基础之上的，而武术的锻炼正好促进这些方面的发展。神经系统的发展，除必要的营养外，关键在于提供足够的信息刺激。对人脑起作用的信息刺激，有的来自外部，有的来自内脏器官，如骨骼肌兴奋时产生的生物电。武术运动的各种动作，多是在短时间内甚至一瞬间完成的，强调爆发力与力量速度。这种情况下，肌肉活动产生的生物电对大脑皮层细胞的刺激越强，运动员的神经细胞就越多，有利于提高大脑皮层细胞活动的强度、灵活性、均衡性及综合分析能力，使整个神经系统的功能得到加强。可见，肌肉活动时产生的生物电是对神经系统不可缺少的强有力的刺激物。一个热爱体育文化并经常从事体育锻炼的人，其神经系统特别是大脑的结构和机能会相应地得到改善和提高，对外界信息刺激的接收、传导和反应会更加迅速、准确，从而有利于学习效率的提高。

民族传统武术是传统民俗体育的重要组成部分，各个民族在长期的繁衍发展过程中，创造了独特的民族传统武术这一运动形式，积累了符合各个民族自身的独特的养身、健身形式。因地制宜地利用民族传统武术项目的优势，发挥它的作用，能更好地普及和开展全民健身活动。中华民族千百年来的习武实践和多年的科学研究证明，武术注重内外兼修，对身体有积极作用，经常练习能达到壮内强外、身心兼修的效果。传统武术具有强烈的人文色彩，追求人与自然的和谐，要求顺应自然、天人合一。

如果说传统体育中的武术的攻防知识与技能教育偏向于培养人的道德修养中真与善的话，那么套路的演练及其技巧和技能则是中国传统体育精神生活化的美育方式。"艺术源于生活，又高于生活"，艺术性的武术套路取材于攻防技术，但又艺术性地高于攻防实际，它是一种内在美和外在美的结合。武术美反映武术的本质特点，并且在人们直接或间接地参与武术活动的情况下，使人的感官产生愉悦，唤起人们内心的审美激情。

传统体育的主要特点是秉持"天人合一"的观念以达到修心的目的。在习练过程中使瞬间的体悟焕发出永恒的喜悦，以便直观自己本质力量的显现，在这种力量的驱使下，自己生理、心理极限不断得到超越。从道德层面说，要追求人格的完善；从身心层面说，应追求智力与体魄和谐的发展。因此，对于传统体育的习练者来说，美就在于需要全身心去实践；在于你满怀信心地从事传统体育内涵的挖掘和实践；在于你意识到传统体育的作用；在于你对技巧掌握的欣慰和对下一个体育实践目标自豪的许诺；在于你体验到人类成功的果断、顽强、勇敢、进取等内在品质。拥有这些，一个人的外在形体美和内在心灵美就能相互和谐统一。人们内在的性格、品质、思想，符合自然美和社会美，并表现在行为方面、人与人的社会关系方面，成为所谓的善。在传统体育和传统文化的相互补充下，美和善也在根本上得到了实践的一致。

# 第二节　民俗、民俗体育与传统文化的复合文化场域

## 一、中国传统文化中的民俗与体育

### （一）民俗与传统文化

民俗中往往包含很多传统文化的成分，但是作为一种在当下仍然具有相当生命力的生活文化，民俗一直不断地变化发展，吸收新的文化成分。因此，凡是符合"民"和"俗"这两个概念标准的文化，我们都可以视为民俗。

尽管如此，民俗与传统文化的关系仍然是一个值得讨论的重要话题。这是因为，虽然民俗特别是今天的民俗中有属于现代文化、甚至西方文化的成分，但是民俗中同样积累了丰富的传统文化资源。简单地将民俗视为传统文化的一部分固然狭隘，但当我们从内部分析民俗所包含的文化类型时，就会发现其中的绝大多数要么来自传统文化，要么就是对某些传统文化的发展和嬗变。

具体来说，民俗主要分为四大部分，分别是物质民俗、精神民俗、社会民俗和语言民俗。物质民俗是指在对物质财富的生产和消费中形成的民俗，它一方面包括相对固定的活动形式，另一方面包括这些生产消费活动所产生的产品形式。饮食民俗、服饰民俗等，都属于这一类。一个很明显的事实是社会再生产的活动固然可以有众多表现形式，但作为一个相互紧密联系的有机整体，它的变化过程是不可能一蹴而就的。相应地，在源于物质财富的生产和消费过程的物质民俗的变化过程当中，这种整体性的改变也必然是渐进的，当"待民俗"的文化元素随着时间的推移成为民俗的一个部分时，这种文化本身往往就已经被经典化，从而成为"传统文化"的一个部分。同样，其他类型的民俗自然也

不能脱离这种由局部到整体的渐变的发展过程。也正因为是这样,民俗中的传统文化的内容占据了主流。

传统文化也好,民俗也罢,都是仍在变化发展着的文化概念,不应被简单机械地固定。

民俗承载传统文化,这个机制对符号化地认识中国文化中的民俗和传统文化都将是一种有力的纠正。只有充分重视具有生命力的而非符号化的传统文化,传统文化的继承和发展才能成为一种可能。而与我们的生活密切相关的民俗,在这种传承当中能够发挥很大的积极作用。

## (二)传统文化与民俗体育

民俗体育是民俗的一部分内容,属于传统文化中身体文明的层面。简单地讨论它们从属和包含的关系,本身就是一种不利于传统文化保持生机活力的文化观念。但两者并行交融的动态关系和实际上密切相关的内涵实质,又是我们所不能忽视的。因此,为了方便论说具体问题,便将教育当中的民俗体育内容理解为对传统文化的传承。当然,这里也有一个不言自明的前提,即在我们的教育当中讨论的民俗体育,本身就是那些民俗体育中属于传统文化的内容,因为我们进行民俗体育教育的目的之一就是在国学教育的体系中更全面地传承传统文化。

传统文化本身作为一个仍在变动发展的、生长中的客体,在教育中进行传承有一定要求:一方面,教育工作者需要建立起相对明确的认识对象,才能引导学生认识和了解传统文化,否则教育工作将会无的放矢;另一方面,传统文化自身的有机状态又是不能被忽视的,否则一个符号化的、实际上并不存在的"传统文化"的所谓传承将是毫无意义的。这种矛盾在我们现在的教育工作当中很难解决,原因在于教育工作者乃至整个社会尚有对传统文化的简单粗暴的认识在头脑中作怪,又如何能以正确的文化立场来向孩子们介绍传统文化呢?

民俗体育内容在国学教育中的引入,不是能够解决这种全局性问题的万全之策。但是,它却可以成为一个契机和开端,开启我们更全面地认识传统文化的道路。古语有云,"教学相长",在这个过程当中,有所收获的远远不止在课堂上的孩子们。民俗体育教育引入的实践,可以使我们看到在教育当中"活性化"传统文化的可能性，同时又为这项全局性的、涉及全社会的文化工作提供最宝贵的经验。课堂是精神的净土，但绝不是孤岛，教育的影响力也远远不止在课堂之内。民俗体育教育本身也许不是一项巨大的工程，但是它却有能力成为一条红线，串联起社会在"传统文化热"当中的各项工作，从而促使全社会以更高的视角来冷静地面对中国传统文化在新时期的传承和发展问题。

## 二、中国传统文化的当代传承

### （一）"传统文化"概念的广义与狭义、模糊与明确

传统文化的符号化，本身就是一个值得我们深思的文化现象，它对传统文化的传承有着巨大的影响。事实上，这种文化上自觉成为"他者"的现象，是一个漫长的文化过程。如果我们认真考察中国文化的历史就会发现，对"传统文化"的书写和"他者"化，本身就是一个传统。

在中国古代社会，现代广义的传统文化概念是不存在的。或者说那个时代的所有文化成果，在现代的视野当中都已经成为"传统"这个他者。古人认识中真正需要被自觉传承的传统文化，主要是儒家所捍卫的"道统"。这种对于"道统"的自觉观念的形成，如同走向现代化的后世中国，实际上是在面对外来的异质文化的时候才被提出的。

### （二）千古变局之后国人对传统文化的再认识

古老中国面临现代社会的巨大转折是全方位的，传统文化面临冲击的强度和广度也是前所未有的。如果说在之前几次比较明显的文化碰撞当中，受到冲击和动摇的主要是比较狭义的儒家文化传统的话，那么在这场千古变局当中，中国文化则面对着西方现代文化的全方位冲击。在之前的漫长历史当中，中国文化一直能以强大的包容性在文化的交流中占据主导地位，但是这一次却恰恰相反——原有的传统文化不仅面临冲击，更被来自西方的现代话语所重新阐释和解读。

现代文化的话语已经能够（虽然是简单而机械的）诉说中国传统文化而有余。但是传统文化却完全无法阐释这些全新的文化和思想，几乎失去包容的力量，被包容、被重新定义和解读却正在快速发生，在这种情况下，一个之前从未有

过的、含义广泛的传统文化概念才被建立起来。这个概念的广度，正可以说明传统文化面临冲击的强度。

这场千古变局在文化意义上的另一个前所未有的现象是语言的变化。传统文化由之前用以解释一切也包括外来文化的"语言"的地位变成了被现代文明和思想阐述的对象。这种位置的置换的影响一直持续到现在，现代人认识到的传统文化，经过这次彻底的改变而成了如今我们所见的现代的传统。我们对传统的认识，出发点在于内在具有的现代意识，而这种意识，恰恰是在近代的文化转折中逐步建立起来的。现代人可以懂得古文，但是对古代传统文化的认识却与古人不再相同。

### （三）当代人们对传统文化的态度和传统文化的当代传承状态

对"传统文化"这一概念的现代化确立，伴随着对传统文化面临的危机的紧迫感和自我反思，一直是进入现代文化时期后人们对传统文化的认识基调。在这种基本的既有存在的危机感又有自我否定和反思的认识下，不同的人从不同的角度面对传统文化，往往会得出大相径庭的结论。一般性的、表面化的认识往往会注意到这些观念的矛盾之处，而忽视掉他们背后的思想和追求的共性。

于是我们才能看到今日方兴未艾但是又明显具有狭义化色彩的"国学教育""传统文化传承"。传统文化的世界被刻意地"管中窥豹"，突出了最具有传统象征色彩的儒家经典，而有意忽视了其他更丰富也更有活力的文化世界。

### （四）传统与现代的弥合

要解决宏观的文化问题，仍然需要从细部的文化实践入手。民俗体育内容的引入对国学教育的调整和改进，可以视作整个社会文化场域变化的一个先声。这项工作可以视作一个开始，一个试图弥合文化层面传统与现代之间的分裂的开始。这也许要花上好几代人的时间才能初见成效，但是最终实现中国文化真正再一次成为一个有机整体的目标是中国文化真正实现自我的现代化和身份确认的必须。

## 三、民俗体育的文化传承意义

我们已经不止一次地提到，对民俗体育教育的引入，在文化传承层面上最重要的就是为现在失去活力的"传统文化"注入新的活力，将社会对传统文化的潜在认识加以纠正和更新，从而为传统文化的健康发展和现代对接提供最基本的可能。要实现这一点，我们就必须以辩证的态度来看待民俗体育这种社会文化形态，特别是要注意民俗体育本身就是随着社会文化的发展变化而做出相应调整的。对于民俗体育在学校中的教育工作，绝不能像我们之前一直做的那样，只是编订教材或者安排课程内容了事，而应该是真正地提高在教育实践工作当中的灵活性，以现实情况为参照，以学生为工作的核心。只有在传统文化的教育和传承当中也能联通现代文化，实现与时俱进，文化的传承和整合才能够"为有源头活水来"，保持生机和活力，而不是在一成不变地反复说教中僵化，成为与世隔绝的文化古董。

从整体上来看，民俗体育教育的发展需要在引入校园课堂实现正规化的同时保持足够的灵活性，让它在严谨固定的各学科教育当中保持教育工作的活力，这一方面有利于传统文化的校园传承，另一方面也对学生全面健康地发展有很大的助益。结合地区文化和学生的各项身心发展情况，有针对性地开展民俗体育教育，可以在当前教育整体上统一情况下适度增强个性化和地域化，有助于保护和激发学生的创造力，培养他们的独立人格，为真正的素质教育的实现提供巨大的帮助。

# 第三节　当代教育实践与民族传统文化传承

## 一、传统教育与现代教育的两个世界

### （一）传统文化世界中的传统教育

在传统文化中，由于受儒家礼乐典章思想的影响，教育与政治的关系十分密切，不论官办还是私人创办，高等学校的教育工作往往对国家政事具有很大的影响力。同时，教育体系内从上到下一直以传承经学为己任，经学包含了古代文人"修身、齐家、治国、平天下"等不同层面的人生追求和知识，儒学作为能够治国安邦的显学独尊，使得古代的教育具有一定的情怀和本体论追求。文化的自身传承在中国古代社会文化中相当神圣，这种经学的神圣与皇权的神圣在整体上契合的同时又有一定程度的相互对抗，这使得中国传统文化中的教育部分地摆脱了社会工具的地位而具有一定的主体性。

### （二）现代教育视角下的传统文化

在现代社会的条件下开展现代教育工作，以现实为出发点，我们就必须部分地将传统文化作为一种教育工作中可以并且应该包含的文化资源。当然，在这个过程当中，我们也必须充分地认识到传统文化的主体性。

在讨论以"现代"为背景的问题之前，我们也必须明确指出，"现代教育"本身是一个在相对的标准中不断变动的概念。虽然现代教育与传统教育相对应，但是在不同的背景和不同语境下，"现代教育"的标准本身就是可变动的。

一般认为，在当前社会现代教育的理论观念至少应该包括以下一些要素：

#### 1. 教育要面向未来

这个观念并不是说教育工作应该罔顾当前的社会生产生活实际条件，而是指教育作为一项长期的、对未来的国家社会有重大影响的工作，需要具有面向未来的超前认识。在当前社会，特别是那些经济比较发达的地区，教育的发展正在超过经济社会的发展速度。在这样的发展模式下，劳动力的水平将在可见的未来内得到相当程度的提高，从而能够更好地适应未来经济社会发展的需要。因此，在具体的教育工作中，教育工作者也应该富有远见卓识，将未来人才的培养与当下的教育工作结合起来考虑。

#### 2. 教育应该根据实际情况不断改革

"流水不腐，户枢不蠹。"要综合了解社会和学生的各方面情况，并以此作为调整教育工作的标准。教育的改革从来不是一个时期的具体工作，而应该是我们开展现代教育的方法论。

#### 3. 教育不应止于课堂，应该深入生活，实现终身教育

在学校教育期间，教育工作不能止于课堂，而是应该深入学生的生活。特别是在教育的"育人"层面，必须和实际生活结合起来，做到潜移默化、言传身教，才能真正收到良好的效果。

在上述这些现代教育的基本观点下来审视传统文化，就构成了当前在学校教育中实现传统文化传承的基本样式。这种视野不仅决定了哪些传统文化的因

素可以进入校园、进入课堂，也决定了学生将建立起一个什么样的传统文化观念。

传统文化当中那些符合现代教育精神的、符合现代社会人的成长要求的因素，自然应当成为传统文化现代传承活动中的中流砥柱。在这众多的文化因素当中，民俗体育教育无疑是大有可为的。但是在实践活动之外，有一个潜在的认识转化的问题，即传统文化特别是正统的儒家经学由判断文化乃至整个社会的独立主体变成了一个在现代社会这个大环境中存在的被判断的客体，一个判断者被判断的问题就浮现出来了。

### （三）由认识主体到认识对象——当判断标准被判断

传统文化由一个自主的判断者变成一个被判断的对象，这个问题在现实中最突出的表现就是如何衡量那些具体的传统文化成果在当前的价值和意义。在以往的时间内，传统文化体系自身就是一个无边无际的判断标准。而当进入现代之后，传统文化开始被现代话语所阐述，其自身又在危机之下不断地强化自身的身份认同。两者的矛盾形成了两套话语体系的矛盾，就整个社会的文化话语体系而言，两者没有谁能毫无争议地取得阐述对方的判断权力。

这个判断者被判断的问题，本文没有给出解答的力量。在研究民俗体育进入国学教育的过程当中，这也是经常浮现出来的深层次问题之一。民俗体育教育问题相对于两种文化在断裂的形态下以两种话语攻讦的问题来说显得渺小，但是，这种充分认识到"传统"与"现代"两个概念的模糊性和相互之间连接可能的文化立场，也许就是我们解开迷局的钥匙。

## 二、不可承受之重与不可承受之轻——当代教育传承传统文化

### （一）当代教育实践的追求与传统文化

现代教育这个相对具有变通的概念背后的思想基础，前文已经提到，在林林总总不尽相同的现代教育的概念当中共通的、特别是在当下仍然具有意义的基本观念，主要有三个方面：第一是面向未来的现代教育，第二是教育不断改革的思想，第三是终身教育的理念。

在这三个主要的思想基础的指导之下，当代教育实践的整体发展方向也就明晰了。教育工作主要也是围绕着发展、改革和实现全社会终身教育的目标开

展的。在当代教育的这种追求下，如何体现传统文化的意义？

传统文化在现代教育中，最具有特异性的价值认识就是对文化的本体论态度和情怀，而对儒家思想主导的传统文化的核心部分更是如此。

在教育工作中，面对传统文化，不能只将那些符号化的东西作为"代用品"请进课堂，而是要在相对固定的经典中坚持引入异质新质，这从微观上可以促进国学教育乃至整个教育工作的改革；从宏观上，则对涵养中国文化的源头活水有至关重要的意义。教育是面向人的工作，面对人，最要不得的就是简单粗暴；教育也是一项文化传承工作，传承文化也必须忌讳机械的实用主义判断。

## （二）教育支撑文化传承的困难与努力

在当前教育进行文化传承的具体实践上，则有两个方面的困难。这两个困难，一"重"一"轻"。"重"是在于传统文化的传承本来是涉及整个社会的文化问题。但是"传统文化热"也好，"国学热"也好，除了一些商业的因素，全社会真正投入关注的似乎只有文教部门，而尤以国学课为热点中的热点，更是吸引了全社会的关注。国学课程自开设的第一日起，其种种争论就没有停止过，鼓励推进者有之，建议改进者有之，反对批评者更有之。仿佛仅仅只靠学校的课堂和孩子们，就可以决定传统文化的命运，这本身就是对传统文化传承的反讽。

尽管如此，教育也必须在传统文化传承的视野中充当先锋和骨干。因为教育是面向未来的，必须与现在拉开一定的距离。在传统文化的传承还没有真正走上正轨之前，教育的文化传承工作也应该充当社会的先声。而面对已经有符号化危险的传统文化，我们也更有义务通过知识和文化的传授帮助真正鲜活的传统文化更多地出现在人们的视野当中，从而逐步改变传统文化的认识现状。当这种渐进的改变足以影响社会的时候，身上的担子将不再沉重，手中的积淀也将不再虚无。

## （三）传统文化发展的方向

在文化的传承中，发展既是目的，也是包含在传承中的应有之义。前文已经反复说明，对于传统文化的认识，不能仅仅停留在"有用"与"无用"的狭隘理解上，更不能将在现代化巨变中一度被符号化的"传统文化"形象作为传统文化的实质。在发展传统文化的过程中，也必须注意这两个方面的问题。

　　发展传统文化的最终目标应该是实现传统与现代的连接，结束中国社会文化的断裂状态，让古今、东西可以在正常的文化语境中平等对话、交流共存。中国社会进入现代经历的特殊历史巨变和阵痛，事实上使传统文化与现代社会文化产生了割裂。在这种割裂的状态下，中国文化不能形成一个和谐贯通的整体，而是分裂成两个部分；在互相矛盾当中，中国文化失去了整体面貌的统一。而弥合这种割裂，既是当前传统文化传承的最终目的，又是实现真正贯通的文化传承的必然要求。

# 参考文献

［1］王凯珍，余涛，金涛．传承的力量徽州民俗体育遗存及流变［M］．安徽师范大学出版社，2022．

［2］田华．民俗体育文化研究与探索［M］．长春：吉林文史出版社，2021．

［3］赵忠伟．中国赫哲族民俗体育文化［M］．广州：中山大学出版社，2021．

［4］刘尧峰．清江流域土家族民俗体育文化研究［M］．北京：中国社会科学出版社，2021．

［5］陈志丹，曾志强，郝志．裂变与重生舞龙运动的传承与发展［M］．北京：科学技术文献出版社，2021．

［6］艾丽．民族传统体育理论与教学实践研究［M］．北京：中国社会科学出版社，2021．

［7］郑鑫．全民健身背景下民俗民间体育资源的开发与利用研究——以开封市"打陀螺"运动为例［J］．体育科技文献通报，2021，（02）：112-115．

［8］任海军，李建宽．浅论民俗体育文化融入高校公共体育课程改革之途径［J］．黑龙江工业学院学报（综合版），2021，（01）：149-152．

［9］王继娜．传统文化视域下舞龙舞狮运动的发展与实践［M］．长春：吉林大学出版社，2020．

［10］刘军．舞龙舞狮教与练研究［M］．长春：吉林美术出版社，2020．

［11］杨明霞．闽南民俗体育教程［M］．厦门：厦门大学出版社，2020．

［12］王家忠，许丽娟．安徽民俗体育文化研究［M］．北京：人民体育出版社，2020．

［13］赵忠伟．中国北方地区民俗体育文化研究［M］．北京：高等教育出版社，2020．

［14］付玉坤．转型时代的中国财经战略论丛民俗体育健身功效研究［M］．

北京：经济科学出版社，2020.

[15] 谢明川．民族传统体育文化的继承保护与创新发展研究［M］．北京：中国纺织出版社，2020.

[16] 刘从梅．民俗体育与民俗体育文化［M］．南昌：江西高校出版社，2019.

[17] 吴玉华，肖锋，廖上兰．民俗体育文化与社会治理的关系研究［M］．北京：中国商务出版社，2019.

[18] 樊艺勇．舞龙舞狮教学与训练［M］．长春：吉林大学出版社，2019.

[19] 史文锋．民族传统体育探究与健身实践［M］．长沙：中南大学出版社，2019.

[20] 孙曦．文化软实力：我国的民俗民间体育［M］．长春：吉林大学出版社，2019.

[21] 乐玉忠．民俗体育认知研究［M］．北京：人民体育出版社，2019.

[22] 徐然．民俗体育理论创新与实践探索［M］．北京：中国建材工业出版社，2019.

[23] 程丽芬．民俗体育文化发展与健身价值研究［M］．长春：吉林人民出版社，2019.

[24] 廖永祥．非物质文化视域下民俗文化与传统体育的现代化传承［M］．中国海洋大学出版社，2019.

[25] 缪柯．新时代民族民间民俗体育文化的休闲化发展研究［J］．武术研究，2019，（01）：1-4，10.

[26] 甘颂甜，郭腾杰．民俗体育文化传承与发展的困境研究［J］．科技资讯，2019，（36）：204-205.

[27] 郑金星．我国民俗体育文化及其资源的开发研究［J］．汉字文化，2019，（03）：166-167.

[28] 林甲换．民俗体育保护传承研究——以"奉化布龙"为例［J］．体育科技，2019，（04）：100-101.

[29] 陈进，李楠．民俗体育文化探源与传承保护［M］．长春：吉林大学出

版社，2018.

    [30] 孙柱兵. 中国民俗体育文化的变迁和发展 [M]. 北京：光明日报出版社，
2018.

    [31] 刘军勇. 民俗体育文化传承研究 [M]. 长春：吉林大学出版社，2018.

    [32] 雷军蓉. 中国舞龙运动 [M]. 北京：北京体育大学出版社，2018.

    [33] 孔祥. 民俗民间体育的现状分析 [J]. 文体用品与科技，2018，(18)：
69-70.